청년지성 총서

3

자 유 로 운   개 인 들 의   연 합

마르크스가 예측한 미래사회

김 수 행 지음

Marx on the Future Society
After Capitalism:
Association of Free Individuals

한울
아카데미

• 일 러 두 기

1. 인용문의 출처 표기
    1) 『자본론』의 표기.
        1상: 50 = 김수행 역, 『자본론』 I(상), 50쪽.
        1하, 2, 3상, 3하: 각각 『자본론』 I (하), 『자본론』 II, 『자본론』 III(상), 『자본론』 III하.
    2) 『국부론』의 표기
        『국부론』 상: 100 = 김수행 역, 『국부론』 상, 100쪽.
        『국부론』 하: 위와 같음.
    3) 마르크스·엥겔스의 저작집 표기
        CW 35: 70 = Marx Engels Collected Works, Vol. 35, 70쪽.
        II/4.2 : 80 = Marx Engels Gesamtausgabe, II/4.2, 80쪽.
        『저작선집』 1: 30 = 『마르크스 엥겔스 저작선집』, 제1권, 30쪽. 박종철출판사.
        백의 2: 200 = 김호균 역, 『정치경제학 비판 요강』, 제2권, 200쪽, 백의출판사.
    4) 기타
        大谷, 2011: 50 = 大谷禎之介. 2011. 『マルクスのアソシエ─ション論』, p.50.

2. [ ] 안의 것은 필자가 삽입한 것입니다.

책을 내며

저는 이 책에서 마르크스가 자본주의 이후에 나타날 새로운 사회를 어떤 '형태'의 사회로 보았는가를 자세히 서술하려 합니다. 1990년을 전후로 소련을 비롯한 동유럽 사회가 붕괴하자, 많은 사람들은 "이제 사회주의나 공산주의는 현실적으로 망했고 따라서 마르크스주의도 이론적으로 죽었다"면서, 오직 자본주의만이 인류의 등불이라고 예찬했습니다. 그리고 이른바 '좌파'의 다수는 망연자실하여 마르크스주의를 버리고 온갖 새로운 사상을 창조하려 노력했지만 아직 큰 성과를 거두지 못하고 있습니다.

그런데 소련이나 동유럽 사회가 과연 마르크스가 예측한 자본주의 이후의 새로운 사회였을까요? 저는 다행히도 1972년부터 1982년까지 10년 동안 영국 런던에서 가족과 더불어 살 수 있었기 때문에, 한국의 박정희·전두환 군사독재의 학문·사상·양심의 자유에 대한 숨 막히는 탄압을 피할 수 있었을 뿐 아니라, 소련과 동유럽의 상황을 자세하게 알 수 있었습니다. 소련과 동유럽에서 '노동하는 개인'*도 한국 사회의 임금노동

---

* 노동력을 파는 '임금노동자'가 아니라, 자기의 노동을 통해 사회를 지탱하고 발전시키는 인간

자와 마찬가지로 착취와 억압에 시달리고 있었습니다.

마르크스는 분명히 자본주의 이후의 사회인 사회주의나 공산주의에서는 노동조건들(기계·토지·원료 등의 생산수단과, 식량·가구 등의 생활수단)로부터 분리된 '아무것도 가지지 않는 임금노동자'가 사라지고, 따라서 노동조건들의 소유자가 '자본가'로서 노동하는 개인들을 억압하고 착취하는 것이 사라진다고 말했습니다. 즉 노동하는 개인들이 공동으로 노동조건들을 소유함으로써 자본가들은 노동하는 개인들과 함께 일하는 동지들이 된다고 말한 것입니다. 노동자가 해방되니 자본가도 해방되어 모든 인간이 해방되는 '새로운 사회'가 공산주의이고 사회주의라고 가르쳤습니다.

사실상 소련이나 동유럽 나라들은 노동해방의 방향으로 나아가려고 노력하지도 않았고, 당과 정부의 관료들이 점점 더 인민대중을 옥죄고 있었던 것입니다. 이런 나라를 어떻게 마르크스가 말한 공산주의나 사회주의라고 부를 수 있겠습니까? 그 나라들은 사회주의 사회가 아니라 '자본주의 사회'였다는 것은 마르크스의『공산당 선언』이나『자본론』을 조금만 읽었더라도 금방 알 수 있었을 것입니다. 결국, '소련식 자본주의'가 내부의 위기 때문에 '일반적 자본주의'로 성장·전환한 것이 바로 1990년의 소련 사회의 붕괴라고 보아야 할 것입니다.* 따라서 소련이나 동유럽의 붕괴는 '진정한' 사회주의나 공산주의의 패배도 아니고 마르크스이론의 사망선고도 아니었던 것입니다.

반면에 "자본주의만이 인류의 등불"이라던 자본주의 옹호자들도 2007년 이래 세계 전체에서 벌어지고 있는 실업자의 대홍수, 빈민들의 울부

을 '노동하는 개인'이라고 표현할 것입니다.
● 이것에 관해서는 제6장에서 자세히 설명합니다.

짓음, 모든 노동자의 프레카리아트precariat(불안정한 노동자계급precarious proletariat)로의 전환, 민주주의의 후퇴, 제국주의적 침략의 확산, 성과 인종의 차별, 자연의 파괴 등에 직면하면서, 자본주의만이 살 길이라고 주장할 수 있을까요? 지금 인류의 99%가 1%의 특권층에 거대한 도전을 시작하고 있는데, 결국에는 99%가 사람 수와 유권자 수에서 그리고 지적 능력과 투쟁 능력에서 1%의 특권층을 이기는 것은 피할 수가 없습니다. 인류의 99%가 제대로 살아가지 못하는 상태에서 1%가 자기의 특권을 유지하는 방법은 없으며, 이에 따라 자본주의체제는 다른 체제로 바뀌지 않을 수 없습니다. 이것은 인류의 긴 역사가 가르치는 교훈입니다. 한쪽에서는 부가 넘치고 다른 한쪽에서는 빈곤이 넘치는 사회는 존속하기 어렵기 때문입니다. 많은 사람이 죽어서 사라지면 특권층은 누구를 착취하고 지배할 수 있겠습니까? 서민의 거대한 투쟁과 특권층 일부의 '자각'이 자본주의를 대체할 새로운 사회를 열망하고 있습니다.

그렇다면 자본주의 이후의 새로운 사회는 어떤 사회일까요? 마르크스는 "자본주의 사회가 새로운 사회를 자기의 태내에 잉태하고 있다"고 말합니다. 집단적 지성을 가진 인간은 실제로 성공할 수 있는 것만을 과제로 제기하여 더 많은 사람의 동의를 얻음으로써 그 과제를 실현하려고 하기 때문에, 현재의 사회가 이미 품고 있는 새로운 사회의 구성 요소들에 인간의 관심이 더욱 집중하게 마련이라는 것입니다. 지금 자본주의체제가 직면한 문제들은 인간의 유적類的 존재인 '인류'의 사활문제이기 때문에, 우리는 자본주의가 품고 있는 태아인 '잠재적인' 새로운 사회를 먼저 찾아내어야 합니다. 이 태아가 어떤 속성을 가지고 있는가, 태아가 어떻게 자라고 있는가, 모체는 언제 출산의 진통을 느끼게 되는가, 출산이 임박할 때 무엇이 모체에 힘을 주어 아기를 낳게 하는가 하는 모든 의문은,

모체인 자본주의체제를 분석하고 자본주의적 축적의 역사적 경향을 파악함으로써만 해소될 수 있을 것입니다. 자본주의 체제를 가장 진지하게 과학적으로 해부한 마르크스의 『자본론』 등이 이 과제에 크게 기여할 것입니다. 왜냐하면 마르크스의 "변증법은 현존하는 것을 긍정적으로 이해하면서도 동시에 그것의 부정, 즉 그것의 불가피한 파멸을 인정하기 때문이며, 또 변증법은 역사적으로 전개되는 모든 형태들을 유동상태·운동상태에 있다고 간주함으로써 그것들의 일시적 측면을 동시에 파악하기 때문이며, 또한 변증법은 본질상 비판적·혁명적이어서 어떤 것에 의해서도 제약을 받지 않기"(1상: 19) 때문입니다.

물론 사회의 변혁에는 반드시 주체의 능동적·적극적 운동이 필수적입니다. 이 주체는 자본가계급의 착취와 억압에 함께 시달리면서 서로 동일한 사회적 지위에 있는 노동자들(현역이든 예비역이든)일 수밖에 없습니다. 이 노동자들이 자발적·목적의식적으로 단결하고 결합한 '노동자들의 연합'이 태아가 탄생할 때의 진통을 단축·경감하면서 성공적으로 아기가 태어나게 해야 할 것입니다. 임금노동자들은 자본가 밑에서 착취당하고 있지만 건물·기계·토지 등 모든 생산수단을 사실상 공동으로 '점유'하여 사용하고 있기 때문에, 그 생산수단들이 이제 더는 자본가의 것이 아니라는 '법적 수정' 하나만으로도, 노동자들은 자본가의 착취로부터 해방되면서도 사회의 물질적 생산수준은 조금도 변하지 않을 것입니다. 이제 노동하는 개인들은 생산수단을 공동으로 자기의 것으로 상대할 수 있으며, 자기의 노동은 타인을 위한 것이 아니라 자기 자신을 위한 것이 되므로, '자발적 손과 임기응변적 정신과 즐거운 마음으로 자기의 일을 부지런히' 하게 될 것입니다. 다수의 중소자본가의 자본을 빼앗아(수탈하여) 자본을 독점하게 된 소수의 대자본가가 이제는 '노동자들의 연합'에 의해 자본을 빼앗기게 되는데, 이것이 이른바 '수탈자의 수탈 expropriation of the expropri-ators'입니다. 이렇게 되면 노동자들이 착취의 쇠사슬로부터 해방될 뿐 아니라 자본가도 타인을 착취해야 하는 비인간적 지위로부터 해방되므로, 모든 인간이 해방되는 것입니다.

자본주의 사회를 붕괴시키는 이 엄청난 '수탈자의 수탈'은 자본주의 사회에서 이미 존재하는, 노동자들에 의한 생산수단의 '공동 점유'를 만천하에 사실로서 인정하는 것뿐이므로, 국회 의장이 방망이를 한 번만 치면 가능할 수 있습니다. 스스로 경작하던 농민들로부터 노동조건들(예: 토지와 도구 등 생산수단, 양식과 가구 등 생활수단)을 빼앗는(수탈하는) 것이 자본주의의 시작이었습니다. 왜냐하면 노동조건들을 잃은 농민은 자기가 가진 유일한 재산인 '노동할 수 있는 육체적·정신적 힘', 즉 노동력labour-power을 팔아야만 먹고살 수 있는 '임금노동자'가 되어야만 했기 때문입니다. 반면에 임금노동자를 고용할 수 있는 부wealth(화폐가 부를 대표함)를 가진 사람이 '자본가'가 되어 임금노동자를 착취하게 된 것입니다. 이리하여 임금노동자계급과 자본가계급이라는 거대한 두 계급이 생겨 자본주의 사회가 형성된 것입니다. 따라서 마르크스는 다수의 농민들로부터 노동조건들을 수탈하여 무산대중인 임금노동자를 창출하는 것보다는 자본가들의 사적 소유를 임금노동자들의 공동 소유로 만드는 것이 '훨씬 쉽다'고 이야기하는 것입니다. 왜냐하면 "전자에서는 소수의 횡령자가 인민대중을 수탈하지만, 후자에서는 인민대중이 소수의 횡령자를 수탈하기"(1하: 1050) 때문입니다. 이런 사실들을 미리 알았기에 마르크스는 "자본주의가 새로운 사회를 잉태하고 있다"고 말한 것입니다.

자본주의 사회로부터 새로운 사회로 가는 첫 걸음인 '정치혁명'은 소수의 대자본가에 의한 생산수단의 독점을 철폐하여 노동하는 개인에게 자기의 생산수단을 되돌려줌으로써, 노동하는 개인들이 착취와 불안정으로부터 해방되게 하는 것입니다. 이 정치혁명은 자본주의 사회와 새로운 사회 사이의 진정한 '과도기' 또는 '이행기'의 테이프를 끊은, 어떻게 보면 매우 단순한 일회성의 축제에 지나지 않을 수도 있습니다. 다시 말해 자본주의 사회가 품고 있던 새로운 사회의 태아가 실제로 첫울음을 울면서 갓난 애기로 태어나게 하는 것일 뿐이기 때문입니다. 이 책에서 다룬 두 개의 정치혁명 — 러시아의 볼셰비키 혁명과 차베스의 선거혁명 — 은 곧 뒤따르는 자본주의 사회의 청산과 새로운 사회의 건설이라는 과제에 비하면 하나의 에피소드에 지나지 않을 수도 있습니다.

이제부터는 노동하는 개인들의 연합은 이 아이를 성년이 될 때까지 잘 키워 '자기 발로 서는 새로운 사회'를 건설해야 하는 더욱 어려운 과제에 부닥치게 됩니다. 자본주의 사회의 기본 틀을 구성하던 상품·화폐·자본을 없애고 '노동력의 상품화'(노동자가 자기의 노동력을 자본가에게 상품으로 파는 것)를 폐지해야 합니다. 이것을 달성하기 위해서는, 무엇보다 먼저 노동하는 개인들이 자본가계급으로부터 빼앗은 생산수단들을 이윤을 얻기 위해 사용하는 것이 아니라 모든 주민의 필요와 욕구를 충족시키기 위해 사용해야 할 것입니다. 이렇게 되면 노동시간을 대폭 줄여 대규모의 실업자들에게 모두 일자리를 줄 수 있으며, 모든 개인들에게 매월 일정한 생활급 수준의 기본소득basic income을 제공할 수 있을 것입니다.•

• 한국은 '1인당 국민소득'이 약 2만 달러(2,000만 원)입니다. 한국 사회는 지난해에 써버린 원료와 기계를 보충하고 난 뒤, 어린이부터 100세 넘는 노인에게까지 한 사람마다 세금을 빼고 매년 2,000만 원(매월 167만 원)을 나누어줄 수 있는 경제력이 있다는 것입니다. 즉 4인 가족이 매월 667만 원을 나누어 가질 수 있는 세계 제10위의 경제대국이라는 이야기입니다. 1%의 부자가 부의 대부분을 차지하고 99%의 서민은 빈곤에 시달리는 자본주의 사회를 없애버리고, 매년 생산되는 부를 나누어 가지면, 모두가 자유롭고 평등하게 잘 살 수 있는 새로운 사회가 올 것입니다.

자본주의로부터 새로운 사회로의 이행기 또는 과도기의 주된 과제는 사회의 교체를 정확하고 신속하게 달성하기 위해 경제적·정치적·문화적 구조를 개혁하고 사회의식을 진작시키는 일입니다. 노동하는 개인들이 자본주의 사회의 공장과 회사에서 느꼈던 '소외alienation'를 없애고, 그들이 자발성·창조성·협동성을 발휘하여 인간들 사이의 관계, 인간과 자연 사이의 신진대사를 '인류'의 발달에 기여하는 방향으로 변경하고, 과학기술의 도입, 생산력의 발전을 촉진해야 합니다. 그러나 이 이행기에는 이전의 자본가계급과 그 지지자들이 새로운 사회의 건설을 방해할 위험성이 매우 큽니다. 베네수엘라에서는 혁명을 저지하려는 군사쿠데타, 국내외 자본가들의 '자본파업' 그리고 차베스 대통령에 대한 탄핵 국민투표 등이 있었습니다. 따라서 새로운 사회를 추진하는 노동하는 개인들은 단결하여 모든 부문에서 주도권을 잡아 반혁명 책동을 막아야만 합니다. 마르크스는 이 과도기의 국가를 '프롤레타리아트의 혁명적 독재revolutionary dictatorship of proletariat'라고 불렀습니다. 여기의 '독재'는 자본주의 사회를 자본가계급의 '독재'라고 부르는 것과 마찬가지로, 노동자계급이 사회의 모든 부문에서 주도권을 쥐고 있다는 의미입니다. 다시 말해 낡은 사회의 잔재인 자본가계급과 그 지지자들을 '억압'하는 정치기구로서 노동자계급의 '국가'가 존재한다는 것입니다. 그러나 점차로 자본가계급이 생산수단의 소유자이기를 멈추고 자본의 인격화(또는 화신)로부터 해방되어 인간 일반으로 되돌아오기 때문에, 다시 말해 서로 대립하고 투쟁하는 계급들이 점차로 사라지기 때문에, 특정 계급을 억압하고 강제하는 공권력으로서의 국가는 점점 더 필요하지 않게 될 것입니다.

마르크스는 자본주의적 사적 소유가 사라지더라도, 새로운 사회가 '자기 발로 서기'까지는 시간이 걸린다고 말합니다. 아직도 여러 부문에 남아 있는 '자본주의 사회의 모반'을 제거해야 하기 때문입니다. 노동을 '희생'이라고 생각하면서 '능력에 따라 노동하는 것'을 주저하는 정신적 태도, 타인을 유적 존재인 인류로 상대하지 않고 경쟁을 통해 개인적 이익을 취하려는 도덕적 자세, 자연을 인류의 동반자로 보호하지 않고 경쟁적으로 훼손하려는 이기주의적 행위, 상품·화폐·자본이 사라지더라도 남아 있는 비이성적 물신숭배fetishism 등은 물질적 환경이 변하더라도 상당히 오랫동안 남아 있을 수 있습니다. 따라서 노동하는 개인들의 연합이 스스로 단결과 연대를 강화하면서, 한편으로는 노동할 수 있는 모든 개인을 노동에 참여시켜 개인들 사이의 소통을 원활하게 함으로써 '사회적 개인'의 능력을 최대한으로 발휘하게 하고, 생산수단을 공동으로 계획적으로 사용하는 방법을 개선하며, 사회의 총생산물을 '능력에 따라 노동하는' 습관을 무너뜨리지 않게 분배하는 방법을 고안해야 할 것이고, 다른 한편으로는 개인들이 타인과 자연을 인류의 관점에서 상대할 수 있도록 교육과 훈련을 강화해야 할 것입니다.

결국, 새로운 사회는 인간 개인의 능력을 전면적으로 최대한 발달시키는 것을 목표로 삼고 있으며, 이를 통해 모든 인간, 즉 인류의 능력을 또한 전면적으로 최대한 발달시키는 것이 역사적 임무라고 마르크스는 말합니다. 이리하여 정신적 노동과 육체적 노동 사이의 분업이 사라질 때, 다시 말해 노동의 소외가 최종적으로 사라질 때, 새로운 사회인 '자유로운 개인들의 연합(자개연)'은 자기 발로 서게 되며, 인간과 인간 사이에 대립과 투쟁이 사라지고 인간이 자연과 조화로운 관계를 맺으면서 인간 역사상 처음으로 유적 존재로서의 인류가 인류 자체의 발달을 위해 새로운 역사를 쓰기 시작할 것입니다. "자본주의를 끝으로 '인류'의 전사prehistory는 끝나고 인류의 본사가 시작된다"고 마르크스는 예측합니다.

이 책이 드러내고자 하는 것은 마르크스의 이런 과학적이고 실천적인 '새로운 사회에 관한 철학'입니다. 지금 세계대공황에 직면하면서도 "대안이 없다TINA: There is no alternative"고 떠들면서 자본주의라는 '흡혈귀'에 복종하는 것이 오히려 낫다는 1%의 지배계급에 대해 여기에 훌륭한 대안이 있다는 것을 천재 마르크스의 사상을 통해 모든 사람들에게 보여주는 것이 이 책의 목적입니다. 특히 우리는 2011년 10월 26일의 서울시장 보궐선거에서도 '빨갱이'로 매도당하던 초등학교 '무상급식'을 극우적 새누리당까지도 그것의 실현을 당론으로 추진하게 되었을 뿐 아니라, 일종의 '복지국가'까지도 제시하지 않을 수 없는 놀라운 시대상황을 맞이하고 있습니다. 이번의 총선과 대선에서는 새로운 사회에 관해 진정으로 자유롭고 진지하게 토론할 수 있기를 바랄 뿐입니다.

이 책을 쓰면서 특히 크게 의존한 저자와 저서를 미리 알려드립니다. 일본 최고의 마르크스이론가인 오타니 데이노스케大谷禎之介(1934~)가 2011년 9월에 초판 출간한『マルクスのアソシエ-ション論: 未來社會は資本主義のなかに見えている』(櫻井書店), 번역하면『마르크스의 어소시에이션Association 이론: 미래사회는 자본주의 안에서 볼 수 있다』(사쿠라이 쇼텐)입니다. 그는 1992년부터 국제 마르크스 - 엥겔스 재단의 편집위원이고 1998년부터는 이 재단의 일본 MEGA 편집위원 대표입니다. 저는 2008년 12월에 요코하마의 가나가와 대학神奈川大學 국제심포지엄('마르크스의 유산')에서 오타니 교수가 제 논문의 토론자여서 서로 처음 알게 되었고, 그 뒤 오타니 교수의『社會經濟學』(2001년 초판 이래 10쇄. 사쿠라이 쇼텐)을 한울에서『사회경제학』으로 번역 출간할 때(2010년 5월 출간) 번역자인 정연소 교수를 도와주다가 오타니 교수와 그 책의 내용과 오자·탈자를 둘러싸고 이메일을 여러 번 주고받았으며, 그 책에 '추천사'를 썼습

니다. 2010년 4월에는 도쿄에서 오타니 교수와 정연소 교수를 만나 한잔 하면서, 오타니 교수에게 현재의 세계대공황에서는 '새로운 사회'에 관한 책이 필요한데 제대로 된 것이 없다고 불평을 했더니, 바로 그다음 달에 위의 책 초고 총 352페이지(대부분은 이전에 쓴 논문을 모은 것)를 이메일로 보내왔습니다. 저는 하도 기분이 좋아 며칠 안에 다 읽은 뒤 "내가 본 것 중에 최고"라는 찬사를 보내면서 '계급투쟁'에 관한 항목이 좀 부족한 것 같다고 코멘트를 했습니다. 그리고 2010년 7월에는 부산에서 열린 한국 사회경제학회 여름 학술대회에 정연소 교수와 오타니 교수를 초청하여 『사회경제학』의 한국어 출판에 관한 회고를 들으려 했으나 정 교수가 한 국행 비자를 받지 못하는 바람에 오타니 교수만 왔는데, 저는 며칠 동안 마르크스의 새로운 사회에 관해 오타니 교수와 토론할 수 있었습니다. 그 뒤 오타니 교수는 초고의 내용을 수정하면서 새로운 원고를 보완하여 2011년 9월에 초판을 출간하자마자 곧 저에게 보내왔습니다. 저는 오타 니의 책을 네 번이나 읽으면서 그의 마르크스 해석이 옳다고 생각했기 때 문에, 이 책도 오타니의 해석에 크게 의존하게 되었습니다. 그러나 지식 은 모든 사람이 공유해야 한다는 뜻에서 제가 마르크스의 지식을 그리고 오타니의 지식을 한국에 전파하고 있다고 이해해주시면 고맙겠습니다.

한편 마르크스의 문장을 직접 읽으면서 그 논리를 추적하려는 분들을 위해, 마르크스가 '미래사회'에 관해 이야기한 원문을 모두 모으려고 시도 한 것이 '별책' 『마르크스의 저작 인용 영한대역본』입니다. 마르크스가 이 야기한 미래사회를 한 권으로 읽고 싶은 분이 참고하시면 좋을 것입니다.

2012년 7월 성공회대학교 연구실에서
김 수 행 드림

차례

별책 차례
마르크스의 저작 인용 영한대역본

자본주의 사회가 새로운 사회로 변혁되기 위해
서는, 자본주의 사회의 문제점들이 매우 심각
하게 드러나서 대다수의 개인들이 새로운 사회
를 열망해야 할 것입니다. 따라서 이 장에서는
자본주의 사회의 발전과정에서 폭발한 2007년
이후의 세계대공황의 경과를 고찰하고, 개인들
이 현재의 자본주의 사회에 저항하는 형태들을
살펴볼 것입니다.

제 **1** 장

2007년 이후의 세계대공황과
새로운 사회에 대한 열망

1-1
복지국가로부터 신자유주의로

1950년 이후의 자본주의 역사는, 〈그림 1-1〉에서 보듯이, 크게 두 시대로 나누어 볼 수 있을 것입니다. 첫째는 제2차 세계대전의 폐허에서 회복하기 시작한 1950년부터 베트남 전쟁으로 세계경제가 인플레이션과 투기로 몸살을 앓았던 1973년까지의 20여 년 동안은 '복지국가welfare state' 시대였습니다. 둘째는 1979년 5월 영국에서 보수당의 대처(1925~)가 수상이 되고 1980년 11월 미국에서 공화당의 레이건(1911~2004)이 대통령에 당선된 뒤부터 지금 이 시간까지, 즉 1980년 이후 30년이 넘는 시기를 '신자유주의neo-liberalism' 시대라고 말할 수 있겠습니다.

'복지국가' 시대는 1930년대의 세계대공황과 1939~1945년의 제2차 세계대전을 겪었던 유권자들이 모든 정당들에게 '완전고용의 달성'을 정부정책의 제1목표로 할 것과, 무상 교육과 무상 의료, 적절한 수준의 실업

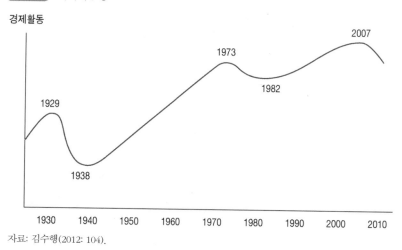

그림 1-1 세계대공황

경제활동

자료: 김수행(2012: 104).

수당과 노후연금, 값싼 장기공공임대주택의 제공, 저소득층에 대한 소득 보조 등을 요구함으로써 열린 것입니다. 이 복지국가 시대에는 복지의 향상과 경제의 성장이 서로 반비례의 관계에 있지 않고 선순환 관계를 유지했습니다. 예컨대 교육과 의료를 무상으로 하니까 사람들이 더 많이 학교와 병원에 몰려왔고, 따라서 노동자들이 더욱 튼튼하고 재기발랄하게 되어 사회와 경제의 발달에 크게 기여했습니다. 또한 학교와 병원을 더 많이 짓고 교사·교수·의사·간호사 등을 더 많이 고용했기 때문에, 건설업을 비롯한 여러 산업이 호황을 맞이하고 새로운 고급 일자리와 구매력이 증가함으로써 국내총생산이 더욱 증가한 것입니다. 이 시대에는 실업률이 낮고 복지수준이 높았기 때문에, 노동자계급과 서민의 생활수준이 높았고 이들의 정치적 발언권이 강화되었습니다. 1960년대에 흑인민권운동이 일어났고 베트남 전쟁 반대운동과 징병기피운동이 미국에서 대규모로 나타났으며, 1968년에는 학생과 노동자에 의한 자본주의 혁신 요구가 유럽을 뒤흔들었습니다.

'신자유주의' 시대에는 우파 정치집단이 복지국가를 폐기하여 자본가계급과 부자의 지배를 다시 한 번 강화하려고 시도했습니다. 신자유주의는 흔히들 정부 개입을 줄여 시장 기능을 되살리려는, '가치판단을 배제한 순수한' 운동이라고 해석하고 있지만, 사실은 그런 것이 아닙니다. 왜냐하면 자기들의 이익을 증가시키기 위해, 자본가계급과 부자는 어떤 때는 정부의 규제를 없애서 시장 기능을 확대하라고 요구했다가, 또 다른 때는 정부가 경제에 더욱 깊이 개입하라고 요구했기 때문입니다. 인민대중을 위한 복지 지출을 삭감하거나, 독점이윤을 제한하는 모든 규제를 폐기하라고 요구할 때는 '작은 정부'나 '시장 만능'을 부르짖었습니다. 그러나 2007년 이후의 세계적 금융위기(또는 금융공황)에서는 '시장 만능'의 원칙을 헌신짝처럼 버리고 자본가계급과 부자는 앞장서서 정부에게 대규모의 '구제금융'을 요구했으며, 국민의 혈세를 받아 자기들의 손실을 모두 메우고 다시 불사조처럼 부활한 것입니다. '시장 만능'의 원칙에 따르면, 환상적으로 높은 수익을 낳는 투기에 종사한 금융자본가들은 그 투기의 실패에 대해 스스로 책임을 지고 파산해야 마땅했을 것입니다. 투기가 성공하면 모든 수익을 자기 혼자 독차지하고, 투기가 실패하면 그 손실을 국민의 혈세로 갚게 하는 것은 완전히 도둑 심보라고 비난하지 않을 수 없습니다. 따라서 저는 신자유주의를 '부자를 위한, 부자에 의한, 부자의 정치'라고 간단히 정의하려고 합니다. 물론 자본주의 사회에서는 정치·경제·문화 등 모든 부문에서 기본적으로 자본가계급과 부자가 지배하고 있지만, 노동자계급과 서민의 저항이 강력한 시대와 장소에서는 지배계급의 '장기적' 이익을 보호하기 위해 자본가계급과 부자가 일정한 범위에서 양보하지 않을 수 없을 것입니다. 이것이 1950~1970년의 복지국가 시대였다고 보면 될 것입니다.

1972~1973년의 세계적인 투기열풍, 격렬한 인플레이션, 석유수출기구OPEC의 유가 인상 등에 대처하여, 자기 나라의 수출경쟁력을 회복하려고 각국 정부는 1974년 초에 금융·재정 긴축정책을 채택하지 않을 수 없었습니다. 그런데 벼락경기boom가 계속하리라고 예상한 자본가들, 예컨대 과잉생산한 산업자본가, 과잉거래·과잉투기에 열중한 상업자본가, 과잉대출과 유가증권에 과잉투기한 금융자본가 등이 정부의 금융·재정 긴축정책으로 말미암아 자기의 채무를 상환할 자금을 마련하지 못해 파산하면서 심각한 세계대공황이 1974년 중반에 발생했습니다. 이 공황은 1930년대의 대공황과 달리, 경제적 침체stagnation가 물가하락(디플레이션)이 아니라 인플레이션inflation을 동반하고 있었기 때문에 스태그플레이션stagflation이라고 불렸습니다. 이렇게 된 원인 중 가장 중요한 것은 정부가 자국 통화를 금 준비 없이 마구 찍어낼 수 있었기 때문입니다. 따라서 케인스주의적 재정금융 확장정책은 경제적 침체를 해소하지 못한 채 인플레이션만 상승시키는 결과를 초래하게 된 것입니다.

여기에서 미국 시카고 대학의 프리드먼Milton Friedman(1912~2006)의 실증되지 않은 '통화주의monetarism'가 공황탈출전략으로 등장했습니다. 사실상 프리드먼은 복지국가와 노동조합을 폐기해야 시장과 '자유민주주의'가 작동할 수 있다고 주장하는 극우파인데, 케인스주의적 경기부양책이 효과를 내지 못하자 재정금융 긴축정책이 경기를 회복시키는 '만병통치약'이라고 주장한 것입니다. 통화량(의 증가율)을 줄이면 인플레이션이 낮아지고 이렇게 되면 노동조합의 임금 인상 투쟁이 약화되어 경제를 회복시킬 수 있다는, 매우 간단하여 누구든 이해할 수 있지만 현실에서는 전혀 효과가 없었던 '이데올로기'를 학계와 정치세력이 널리 퍼뜨려 케인스주의를 몰락시키고 대처와 레이건 등 극우주의자의 정권 획득에 크게 공헌한 것입니다.

1-2
신자유주의 정책들의 효과

영국과 미국의 극우파들은 집권하자마자 인플레이션 억제를 경제정책의 제1목표로 삼아 재정금융 긴축정책으로 이자율의 인상, 재정지출의 억제, 은행대출의 양적 규제 등을 실시하고 통화량의 증가율을 낮추었습니다. 이런 긴축정책은 공황 속의 각국 경제를 더욱 침체시켜 기업의 파산과 실업자를 더욱 많이 만들어내게 되었습니다.* 그런데 재정지출·은행대출의 감소와 통화량의 증가율 사이에는 어떤 의미 있는 인과관계가 발견되지 않았고, 통화량 증가율과 물가 상승률 사이의 인과관계도 찾아내기가 어려웠습니다. 이리하여 통화량의 지표를 여러 가지(M3·M4·M5 등) 만들어보았지만, 통화주의가 가정하는 재정지출·은행대출·통화량·물가 사이에서 의미 있는 인과관계를 발견하지 못했습니다. 그래서 대처 정부는 사실상 집권 초기부터 통화주의의 현실적 타당성을 의심하게 되어, 재정적자와 통화량의 조절을 주요한 정책수단으로 사용하지 않았습니다. 오히려 이 극우파들은 통화주의적 재정금융 긴축정책이 기업의 파산을 조장하고 실업자를 양산하는 효과를 더욱 높이 평가하여, 이 정책을 통해 노동자와 서민이 복지국가 시대에 얻은 각종 혜택과 세력을 빼앗고, 자기

• 이런 현상은 1998년 한국의 IMF 사태에서도 나타났고, 2010~2012년 그리스 사태에서도 나타난 것입니다.

의 정치적 기반인 자본가계급의 이윤획득 욕심과 부자의 독재를 회복하려고 한 것입니다.

신자유주의 정부는 자본가계급과 부자를 위해 '감세'를 실시하기 시작했습니다. "부자는 부유해질수록 더욱 열심히 일하고, 서민은 가난해질수록 더욱 열심히 일한다"는 무당경제학voodoo economics을 믿어 감세가 경제성장률을 상승시킬 것이라고 강변했고, 복지국가를 해체하여 복지에 의거하여 살아가는 '무위도식자'를 제거한다고 선전했습니다. 정부는 복지지출 삭감 → 서민의 자력갱생 → 복지지출 삭감의 '선순환'을 믿고 있었지만, 복지지출의 삭감이 생각처럼 그렇게 쉽지 않았습니다. 긴축정책으로 실업자가 계속 증가하여 실업자 한 사람에게 주는 실업수당을 줄이더라도 실업수당의 전체 금액은 증가하지 않을 수 없었기 때문입니다.

그다음으로 신자유주의 정부는 노동조합의 권리를 크게 감축했습니다. 레이건은 취임하자마자 파업 중인 항공교통관제원Air Traffic Controllers을 모두 파면했고, 대처는 노동법을 개정하여 노동조합의 '불법적' 파업으로 입은 손해를 기업이 노조에게 배상을 요구할 수 있게 했습니다. 더욱이 대처는 '비경제적' 탄갱을 폐쇄하는 문제로 광부노조와 1984년 3월 5일부터 1985년 3월 3일까지 362일 동안 대결했습니다. 이 파업과정에서 광부들의 가정생활, 파업 이탈자와의 대립, 새로운 노조(복수노조)의 설립 등으로 광산과 광부노조는 치명적 타격을 입었습니다.

한편으로 부자에게 세금을 줄어주었지만 경제성장률은 상승하지 않아 세금수입이 줄어들고, 다른 한편으로 불황의 심화로 좀처럼 복지지출 총액은 감소하지 않을 뿐 아니라 반공정책의 강화로 스타워즈star wars 프로그램 등 군사비 지출이 대폭 증가하여, 재정적자가 크게 증가하게 되었습니다. 대처 정부는 손실을 내는 국영기업은 폐쇄하고 이익을 내는 국영기업은 자본가에게 파는 정책, 즉 민영화privatisation 정책을 실시하기 시작했습니다. 보수당 정부는 통신·가스·항공·석유·철강·수도·전력·석탄·철도 등을 민간에 매각했습니다. 그런데 민영화는 수익 있는 공기업에 국한될 수밖에 없고, 수익성을 보장하기 위해 이전의 독점상태를 용인하거나 헐값에 매각해야 했습니다. 민영화한 기업들은 주주자본주의에서 주주가치를 향상시키기 위해 이윤·배당·주식가격에 모든 관심을 쏟았습니다. 다시 말해 단기 성과에 집착함으로써 장기적 투자를 소홀히 했습니다. 민영화한 기업들은 대체로 독점기업이기 때문에, 대규모 해고를 통해 비용을 절감했음에도 가격을 인하하지 않고 오히려 인상하면서 서비스의 질을 낮추었습니다. 이리하여 예상 밖의 큰 이윤을 얻게 되었습니다. 정부는 민영화한 독점기업들의 기본운영 지침을 제정하고 가격결정 방식을 정하기 위해, 새로운 공공의 규제기구를 설치하지 않을 수 없었습니다.

그리고 민영화의 큰 약점이 철도에서 나타났습니다. 영국의 보수당은 철도선로·기차역·신호망은 민간회사 레일트랙Railtrack에 매각하고, 기관차와 차량은 3개의 임대회사에 매각하며, 노선망의 운영과 기타 서비스는 다수의 철도운영회사에 매각했습니다. 그런데 민영화 이후, 기차가 정시에 운영되는 비율이 낮아졌고, 사고율 증가, 편법 요금 인상, 서비스의 질 저하, 투자 소홀 등의 문제가 발생했습니다. 특히 회임기간(투자시점으로부터 투자의 수익을 거두는 시점 사이의 기간)이 긴 철도선로·신호망에 대한 투자를 소홀히 함으로써, 1999년 런던 패딩턴Paddington 역에서 31명이 사망하는 영국 사상 최대의 철도사고가 발생했으며, 그 뒤 2001년 10월에 레일트랙은 파산하지 않을 수 없었고, 이에 따라 공적 소유의 비영리 법인 네트워크레일Network Rail이 2002년 10월 이를 인수하게 되었습니다.

1-3
자본의 세계화와 경제의 금융화

이란에서 '샤' 친미독재정권이 무너지고 호메이니 이슬람정권이 들어서자 1979/1980년 겨울에 석유 가격이 두 배로 폭등하는 제2차 석유파동이 일어났습니다. 자본주의 선진국들은 국내경제의 침체가 심화하자 '국민경제의 부흥'이나 '국가경쟁력의 강화'라는 애국주의적 이데올로기를 부활시키면서 자국 자본의 대외진출을 촉진하기 위해, IMF·GATT(1995년에 WTO로 개편)·세계은행 등을 통해 무역·외환·자본이동의 자유화를 모든 나라 특히 개발도상국에게 강요했습니다. 이리하여 선진국 자본이 세계적 차원에서 이윤 추구 활동을 활발히 벌릴 수 있게 되었습니다. 이것이 이른바 자본의 세계화(또는 지구화)globalisation입니다. 개발도상국 중 저임금 노동자가 매우 많고 노동자의 권리를 보장하지 않는 중국은 해외직접투자를 대규모 유입할 수 있어서 '세계의 공장'으로 뛰어올랐지만, 기타의 개발도상국들은 수입 자유화로 국내산업이 무너지고 국영기업의 민영화 등으로 더 큰 곤란을 겪었습니다. 더욱이 노동자계급은 자본의 국제적 이동의 강화로 취업의 불안정성이 더욱 심화되었습니다.

1980년대에 일어난 미국의 금융서비스혁명 — 금융분야의 경쟁 강화, 파생상품 등 새로운 금융상품의 등장, 소수의 거대한 국제금융시장의 등장, 금융규제의 제거 — 으로 말미암아 세계 전체에 걸쳐 금융의 자유화와 개방화가 추진되면서, 국내적으로 그리고 국제적으로 금융활동(가계·상공업기업·금융기업에 대한 대출, 주식·국채·회사채 등 유가증권의 매매, 보험업과 부동산업, 석유·금·원자재·농산물·주택 등에 대한 투기)이 크게 증가했습니다. 이것이 이른바 경제의 금융화financialisation입니다. 이것에 기여한 기타 요소들은 자본의 세계화과정에서 환율과 금리의 공간적·시간적 차이가 예측할 수 없게 발생함으로써, 여기에 관련된 위험을 경감하는 금융상품들이 경쟁적으로 등장한 것과, 생산분야에서 수익성 있는 투자처를 찾지 못한 거대한 자본이 금융분야로 모여든 탓이었습니다.

이런 세계화와 금융화의 진행과정에서 세계 규모의 금융 붕괴가 여러 차례 일어났습니다. 1983년의 멕시코 외채위기를 비롯한 다수 개발도상국의 외채위기, 1987년 10월의 미국과 세계의 증권가격 폭락, 1980년대 말 미국 저축대부조합Savings & Loans Association의 대규모 파산, 1990년대 초 일본에서 부동산 거품의 폭발로 금융제도와 경제의 붕괴, 1992년과 1993년에 각국 환율의 조정 실패로 유럽통화제도의 위기, 1993년 11월 유럽연합EU: European Union 결성(회원국 현재 27개국), 1994~1995년의 멕시코 페소화 위기, 1997년 아시아 전역의 금융공황, 1998년 8월 러시아 정부의 외채 지급정지, 1998년 9월 미국 헤지펀드 LTCM의 부도 위기, 1999년 1월 유로화 공식 출범(2002년 1월 1일부터 통용되기 시작, EU회원국 27개국 중 17개국만 참가), 2001년 미국 IT산업의 붕괴에 따른 산업·금융 위기, 2002년 아르헨티나의 금융공황, 2007년 이래 지금까지의 세계금융공황.

1-4
2007년 이후의 세계대공황

2001년 IT(정보기술Information Technology) 주식의 가격이 폭락하여 IT 관련 산업과 금융기업이 큰 위기에 빠졌을 때, 미국의 중앙은행FRB은 값싸고 풍부한 자금을 대규모로 공급했는데, 이 자금의 일부가 부동산시장에 흘

그림 1-2 모기지 대출과 모기지 담보 증권(MBS)의 탄생 과정

(A): 주택 구매자   (B): 모기지 대출회사
(C): 모기지 대출 인수회사(또는 MBS 발행회사)   (D) 세계의 투자자
자료: 김수행(2012: 137).

러들어 가기 시작했습니다. 주택소유자와 주택구매자에게 10~20년 만기의 주택담보대출(모기지mortgage)을 모기지 대출회사와 은행이 거액 제공함으로써 주택가격이 급격히 상승하게 되었습니다. 주택가격의 상승률은 2001년 1/4분기~2006년 1/4분기에 소비자물가의 상승률보다 네 배나 높았습니다. 이 사이에 IT산업에 대한 투기로부터 주택에 대한 투기로 투기 대상이 바뀐 것입니다.

이 주택투기는 1980년대에 개발된 금융기법에 의해 더욱 심화되었습니다. 〈그림 1-2〉를 참조하십시오. 모기지 대출회사는 모기지 대출에 대한 담보로 받은 '모기지 대출 계약서'(차입자의 재정상태, 주택 저당 문서, 원리금 상환 계약서)를 '모기지 대출 인수회사'(대표적인 것은 국책기관인 패니메이Fannie Mae와 프레디맥Freddie Mac)에게 팔아서 새로운 자금을 얻을 수 있었다는 점입니다. 이 자금으로 모기지 대출회사는 새로운 주택구매자에게 새로운 모기지를 '계속' 제공할 수 있었습니다. 다른 한편 모기지 대출 인수회사는 구매한 수천만 건의 '모기지 대출 계약서'를 수익성과 위험성 등을 기준으로 '신용등급'(AAA·AA·A·BBB 등)을 매겨 국제신용평가회사인 S&P·무디스·피치에게 수수료를 지급한 뒤 그 등급을 승인받고, 각 등급의 '모기지 담보 증권'MBS: Mortgage-Backed Securities을 만들었습니다. 이

MBS는 모기지 대출을 받은 사람들이 10~20년에 걸쳐 갚기로 한 원금과 이자를 기초로 발행되는 유가증권입니다. 이 MBS를 모기지 대출 인수회사는 세계 각국의 투자자(예금은행·투자은행·펀드·연금기금·보험회사·상공업기업·가계 등)에게 팔아 자금을 회수함으로써, '모기지 대출 계약서'를 '계속' 구매했던 것입니다. 〈그림 1-2〉에서 A에서 D로 가고 D에서 다시 A로 오는 '회전목마merry-go-round'가 끝없이 진행되면서, 한편에서는 모기지 대출의 '규모'가 커지고 다른 한편에서는 모기지 대출의 '질'이 낮아지기 시작한 것입니다.

이런 회전목마에서 주택담보대출을 받은 사람이 모기지의 원금과 이자를 제때에 갚지 못하면 누가 손해를 볼 것입니까? '모기지 대출회사'는 '모기지 대출 서류'를 돈을 받고 '모기지 대출 인수회사'에 팔았기 때문에 아무런 책임을 지지 않으며, 그리고 인수회사는 MBS를 만들어 '투자자'에게 팔았기 때문에 아무런 책임을 지지 않습니다. 결국 MBS 소지자가 손해를 모두 짊어지게 됩니다. 이 MBS는 모기지 대출의 차입자가 10~20년에 걸쳐 갚기로 한 원금과 이자를 기초로 하므로, 차입자가 원리금을 제대로 갚지 못하면 MBS의 가격은 폭락하게 되며, MBS 소지자는 차입자의 주택을 압류하여 처분함으로써 자기의 손실을 보상할 수밖에 없습니다. 그런데 여기에도 하나의 탈출구가 있었습니다. MBS 구매자는 보험회사에게 일정 기간 동안 보험료를 내면서 이 기간에 MBS의 가격이 어느 수준 이하로 폭락하면 일정한 보험금을 받는다는 증서CDS: Credit Default Swap (채권부도보험)를 구매하는 것입니다. 이리하여 MBS 구매자도 부도위험의 부담에서 상당히 벗어나게 되었기 때문에, 주택구입자 → 모기지 대출회사 → 모기지 인수회사 → 모기지담보증권 구매자 → 채권부도보험 판매자로 이어지는 모기지 대출의 회전목마가 끝없이 돌아간 것입니다.

드디어 아무런 소득도 없거나 모기지의 원리금을 상환하기 어려운, 신용점수가 매우 낮은 차입자에게도 모기지를 대출하는 사태에까지 이르렀습니다.* 다시 말해 모기지 대출에서 이득을 얻는 금융기업이 증가할수록 모기지 대출을 확대하려는 경쟁이 심해지면서, 모기지 원리금의 상환 가능성이 낮은 사람들에게 주택을 담보로 대출하는 경향이 강화된 것입니다. 모기지 대출회사는 차입자가 모기지를 받을 자격(소득수준이나 취업 등에서)이 있다고 '서류'를 위조하고, 차입자에게는 처음 몇 년 동안은 원금과 이자를 내지 않아도 된다거나 계속 낮은 이자율이 적용될 것이라는 '사탕발림' 거짓말을 하면서 차입자에게 모기지 대출을 권유한 것입니다. 이렇게 하여 생긴 모기지가 이른바 비우량(서브프라임subprime) 모기지입니다. 그런데 비우량 차입자에게는 모기지 대출 이자율을 아주 높게 부과했기 때문에, 비우량 모기지를 기초로 발행되는 MBS는 수익성이 매우 높아서 잘 팔렸습니다. 이리하여 모기지 대출에서 차지하는 서브프라임 모기지의 비중이 점점 더 증가하게 되었습니다. 물론 비우량 모기지의 부도위험은 상대적으로 더 높았지만, 신용평가회사들이 비우량 MBS의 신용등급을 '돈을 받고' 상향시킴으로써 부도위험을 은폐한 경우도 많았습니다.

경제의 금융화에 따라 주식·증권 투기에서 큰 이윤을 얻은 금융기업들은 상공업기업을 매수하여 대주주가 되는 경우가 많이 생겼습니다. 이 상공업기업들은 대체로 장기적 투자(연구·개발 투자 등)보다는 종업원 축소, 임금 삭감, 정규직의 비정규직화 등을 통해 단기적으로 비용을 절감함으로써 큰 이윤을 얻어 주식가격을 올리는 작업에 몰두하게 되었으므

---

* 이것은 김대중 정부가 은행과 신용카드 회사에게 길거리에서 신용카드를 발급하게 한 것과 같은 현상입니다.

로, 상공업기업은 점점 더 쇠퇴하게 되었습니다. 결국 주주자본주의가 상공업을 망치게 되어, 비우량 모기지를 받은 사람들은 해고되거나 임금이 삭감되어 모기지 대출의 원리금을 상환하지 못하는 사태가 광범히 생겼습니다.

MBS 가격이 폭락하게 되고, MBS에 거액을 투자한 금융기업들은 MBS를 구입할 때 빌린 자금을 갚을 수 없어, 크고 작은 모기지 대출은행이 2007년 초부터 파산하기 시작했습니다. 이리하여 2008년 3월에는 미국의 5위 투자은행 베어스턴스Bear Stems까지도 파산하고 2008년 9월에는 미국의 4위 투자은행 리먼브러더스Lehman Brothers가 파산하면서 세계적 금융공황으로 번졌습니다. 미국뿐 아니라 세계의 금융시장이 모두 붕괴할까 겁을 낸 미국 정부는 2008년 9월 국책 모기지 인수 전문회사인 패니메이와 프레디맥을 국유화하고, 거액의 채권부도보험CDS을 판매한 보험회사 AIG도 국유화했습니다. 이런 국유화는 다른 나라에서도 있었는데, 정부가 금융기업의 모든 채무를 국민의 혈세로 갚는다는 것을 가리킵니다. 참으로 어처구니없는 사태가 생긴 것입니다. '시장 만능'과 '작은 정부'를 그렇게도 강력하게 주장하던 금융기업들이 아무런 반성도 없이 태도를 180도 바꾸어 자기의 손실을 국민의 혈세로 갚으라고 정부에게 강요했기 때문입니다. 이렇기 때문에, 신자유주의는 '시장근본주의'가 아니라 '부자를 위한, 부자에 의한, 부자의 정치'일 따름입니다.

1-5
파산 위기에 빠진 금융기업들에 대한 구제금융

2007~2010년에 미국 정부와 중앙은행이 금융기업의 긴급구제를 위해 제

공한 구제금융의 규모가 대체로 20조 달러에 달한 것 같습니다.* 이 금액
은 정부와 중앙은행이 금융기업의 주식·자산·부실증권을 매입한 자금,
금융기업에 제공한 지급보증, 파산하는 금융기업을 인수하는 다른 금융
기업에게 제공한 지원금, 국유화한 금융기업의 채무를 상환한 자금, 금융
기업들에게 값싸게 대출한 자금들을 모두 포함합니다. 아직도 금융기업
들이 정부나 중앙은행에 대한 채무를 완전히 상환한 것은 아니므로, 정부
와 중앙은행이 구제금융으로 입을 손실이 얼마나 큰지는 아직 모르는 상
황입니다. 그러나 금융기업들에 대한 구제금융으로 말미암아 국가의 채
무가 크게 증가한 것은 명확합니다.

실업과 빈곤의 해결에는 항상 "돈이 없다"고 짜증을 내던 정부가 이처
럼 금융기업들에게는 관대한 이유는 무엇일까요? 경제의 금융화를 통해
금융자본가들이 미국과 세계의 정치와 경제를 지배하게 되었기 때문입니
다. 미국의 경우 금융기업에서 일한 바 있는 금융귀족들이 정부의 금융분
야 고급공무원으로 등장했기 때문에 0% 수준 이자율로 거대한 구제금융
을 제공한 것은 어찌 보면 '당연한' 것이었습니다. 그러나 일반적으로 말
하면, 금융기업들은 여야 정치가에게 선거자금을 가장 많이 기부하고 은
퇴 뒤에도 입법과정의 로비스트로 고용하여 거대한 사례비를 제공하기
때문에 금융자본가가 정치를 지배하게 된 것입니다. 더욱이 정치가와 금
융자본가 모두가 "이제 산업자본을 통해 새로운 일자리를 창출하거나 새
로운 가치를 창조하여 경제를 살리기는 역부족이므로, 금융산업을 통해
자국이나 타국의 서민들을 수탈하여 1%의 특권층으로 살아남는 수밖에
없다"고 판단했기 때문입니다.

---

* 이 금액은 미국의 1년 동안의 GDP보다 큰 금액입니다. 김수행(2011: 177).

이제 금융기업들은 모든 손실을 국가의 공적 자금으로 메울 수 있는 어마어마한 특권을 가지게 되어, 아무리 큰 위험이 있더라도 겁 없이 투자하여 큰 수익을 올릴 수 있게 된 것입니다. 중앙은행으로부터 0~0.25%의 싼 자금을 대출받아 석유·금·밀 등에 투기하고, 수익률이 높은 국채·회사채·주식 등에 투기하면서 2009년도에 거대한 수익을 얻었습니다. 이리하여 미국의 전국경제조사국NBER은 2009년 6월에 미국 경제가 2007년 12월부터의 경기후퇴로부터 회복했다고 발표한 것입니다. 그러나 이 회복은 사실상 거품의 재출현일 뿐이었습니다. '현실적' 실업률이 아니라 '공식' 실업률까지도 2007년 평균 4.6%에서 2009년 9%로 상승한 뒤 전혀 저하하지 않고 있기 때문입니다.*

그리고 2012년 3월 14일 골드만삭스의 한 이사가 사임하면서 ≪뉴욕타임스≫에 월가의 '탐욕과 사기의 해로운 문화'를 비판하는 글을 썼습니다. 납세자의 돈으로 구출된 금융귀족이 지금도 고객과 일반대중을 약탈한 동일한 사기와 불법 행위로 어느 때보다 더 많은 돈을 벌고 있다는 것입니다. 사실 미국 상원 상설범죄수사 소위원회는 2011년 4월 13일 2년간에 걸친 수사보고서 「월가와 금융공황: 금융붕괴의 해부」를 발표한 바 있습니다. 이 보고서는 "2007년 이래의 금융공황과 뒤이은 경기후퇴가 모기지 대출업자와 은행 측의 체계적 사기와 횡령의 결과였으며, 이 사기와 횡령은 신용평가기관과 정부의 금융규제기관들이 공모한 것"이라고 주장했습니다. 그리고 이 위원회는 이 보고서를 오바마 정부의 법무부에 제출했지만, 백악관과 법무부 및 증권거래위원회는 아무 반응이 없었습

---

* 2012년 1월의 미국 실업률이 9% 이하로 저하한 것에 대해서는 1-7에서 자세히 설명하고 있습니다.

니다. 오히려 오바마는 월가를 두둔하기까지 하면서 은행에 대한 기소를 저지했습니다.

2012년 3월 12일에도 미국 법무부와 각 주 검찰총장은 '불법적 주택압류'에 관해 5대 은행들과 화해하고 기소를 중단했습니다. 5대 은행 — 얼라이파이낸셜Ally Financial, 뱅크오브아메리카Bank of America, 시티그룹Citigroup, JP모건체이스JP Morgan Chase, 웰스파고Wells Fargo — 은 59억 6,500만 달러를 연방정부와 주정부에 벌금으로 지급하고, 183억 2,000만 달러는 주택소유자 구제 프로그램에 제공하기로 합의한 것입니다. 이렇게 되니까 사건의 내용이 공개되지도 않고 개인들은 입은 손해를 제대로 보상받지도 못하며, 따라서 금융기업들만 살려주게 됩니다.

1-6
국가채무의 삭감을 위한 재정긴축정책

파산상태의 금융기업들을 살리기 위해 지출한 거대한 공적 자금 때문에, 각국 정부는 큰 채무를 지게 되었습니다. 그런데 국가 채무의 증가로 말미암아 국가가 채무를 상환하지 못할까 겁을 낸 국제금융자본은, 국가채무의 비중이 큰 정부가 발행하는 '국채Treasury bond'를 아예 매입하지 않거나, 국채 이자율을 크게 인상하지 않으면 국채를 매입하지 않겠다고 위협하거나, 국가의 신용등급을 하향 조정했습니다. 이리하여 국가채무의 비중이 높은 정부들은, 보다 낮은 이자율로 자금을 조달하기 위하여, 그리고 이미 발행한 국채의 원리금을 갚기 위하여, 예산 적자를 줄이려고 힘없는 서민들에게 희생을 강요하고 있습니다. 다시 말해 금융귀족의 사적 손실을 국민의 혈세로 갚아주느라고 국가의 채무가 증가했기 때문에, 이

제 돈을 벌게 된 금융귀족이 당연히 국가의 채무를 갚아야 하는데도, 금융귀족은 오히려 국가에게 국민의 허리띠를 졸라매게 하여 국가의 채무를 갚게 하라고 적반하장의 태도를 취하고 있는 것입니다. 그리스의 성난 민중이 2010년 5월 시위를 하면서 "금융귀족에게 국가 채무를 물게 하라"고 외친 이유가 여기에 있으며, 미국 서민들이 2011년 가을부터 "월가를 점령하라"고 시위하면서 1%의 부자에 대한 99%의 분노를 표시한 이유도 바로 여기에 있습니다.

2011년 초 오바마 정부는 연방정부의 예산 적자를 줄이기 위해 50개 주정부에 대한 지원을 중단함으로써, 주정부는 파산을 피하기 위해 공공부문 노동자(학교 교사를 포함)의 해고와 임금 인하, 학교·도서관·소방서·보건소·공원 등의 폐쇄와 축소 등을 둘러싸고 시민들과 충돌하고 있습니다. 더욱이 2011년 2월 위스콘신 주지사 워커S. Walker는 이에 더하여 공공부문 노동조합의 단체협상권을 빼앗는 법안까지 주 하원에서 통과시키자, 교사·고등학생·대학생·노동자·시민들이 이 법안의 상원 통과를 저지하기 위해 주 의사당을 16일 동안 점거하여 전국적으로 큰 호응과 지지를 받았습니다. 아마 이런 대중운동은 1960년대의 흑인민권운동과 1970년대의 베트남 전쟁 반대운동 이후 처음인 것 같습니다. 물론 부시 정권의 부자 감세정책과 이라크·아프가니스탄 전쟁에 반대하는 민중들이 지난 대선 기간인 2008년 하반기에 보여준 '변화'에 대한 열망을 우리는 잊을 수 없으며, 이 정치적 급진화의 최대 수혜자는 오바마 후보였습니다. 그러나 오바마는 대통령이 되자마자 태도를 완전히 바꿔 월가와 부자의 이익을 위해 노력했기 때문에, 2010년 11월의 중간선거에서는 민주당이 완패한 것입니다.

미국의 50개 주정부가 제거해야 하는 2011 회계연도(2010.10.1~ 2011.

9.30)의 적자 총액은 1,300억 달러였는데, 이런 규모의 적자는 사실상 매우 간단하게 연방정부가 지원할 수 있었습니다. 첫째로 2010년 12월 연방의회에서 통과된 '부시 정부의 부자 감세법 연장'으로 부자들의 주머니에 앞으로 10년간 7,000억 달러가 들어갈 것이므로, 이 감세 횡재의 2년분만 회수하면 1,400억 달러가 됩니다. 둘째로 2010 회계연도의 국방비 지출액이 8,470억 달러이므로 이 국방비를 2011년에 15%(1,300억 달러)만 줄이면 될 것입니다. 셋째로 미국의 최대 갑부 400명의 총자산 1조 3,700억 달러에 10%의 세금을 매기면 합계 1,370억 달러가 국고에 들어옵니다. 넷째로 법인의 이윤 총계가 2010년 급증하여 1조 6,600억 달러에 달했으므로, 이 이윤 총계에 8%의 세금을 매기면 1,328억 달러가 됩니다. 다섯째로 정부가 기업들에게 투자를 장려하기 위해 법인세를 인하했는데, 지금 법인들은 2조 달러의 현금을 보유하고 있으면서도 투자를 하지 않습니다. 이 유휴현금에 10%의 세금을 매기면 2,000억 달러의 추가 세금이 들어옵니다.

계산은 이처럼 매우 간단하지만 누가 이것을 실행할 수 있을까요? 1%의 부자는 세금을 보다 적게 내려고 하고, 99%의 노동자와 서민은 사회 전체의 복지 향상을 위해 부자가 더 많은 세금을 내야 한다고 주장합니다. 1%의 부자와 99%의 서민은 모두 동등하게 자기의 권리를 주장하고 있습니다. "동등한 권리와 권리가 서로 맞섰을 때는 힘이 문제를 해결한다"(1상: 309). 1%의 부자가 99%의 서민보다 '힘' — 경제적 · 정치적 · 이데올로기적 힘 — 이 더욱 세기 때문에, 부자는 더욱더 부자가 되고 서민은 더욱더 가난하게 되는 것입니다.

이제 유럽의 국가채무 위기와 유로통화 위기를 살펴봅시다. 경쟁력이 높은 독일과 프랑스의 은행들은 유럽중앙은행으로부터 값싼 자금을 대출

받아 유로존Eurozone의 자금부족 국가들이 발행하는 높은 이자율의 국채를 매입하기 시작했습니다. 그리고 미국 은행들은 이 국채에 대한 채권부도보험CDS을 독일과 프랑스의 은행들에게 대규모로 팔았습니다. 그런데 거대한 국채를 발행한 PIIGS(포르투갈·이탈리아·아일랜드·그리스·스페인)가 국채를 만기일에 상환하기 어려운 상태에 빠져, 독일과 프랑스 및 미국의 금융기업들이 손실을 입을 가능성이 생기게 된 것입니다. 이 채권 은행들이 트로이카(유럽연합EU, 유럽중앙은행ECB, 국제통화기금IMF)를 앞세워 PIIGS 정부에게 일반 서민을 죽이는 긴축내핍정책을 실시하여 국채를 상환하라고 강요하거나, 아니면 트로이카가 책임지라고 요구하는 것이 현재의 유럽 국가채무 위기와 유로 위기의 본질입니다.

그리스 정부는 트로이카로부터 2010년 5월에 제1차 '구제금융'으로 1,100억 유로를, 그리고 2012년 3월에 제2차 구제금융으로 1,300억 유로를 다시 받았습니다. 물론 그리스 정부는 트로이카에게 이 구제금융에 대해 비싼 이자를 물어야 할 뿐 아니라, 긴축내핍정책을 트로이카가 요구하는 정도로 실시해야만 구제금융을 '조금씩' 나누어 받을 수 있습니다. 그런데 두 번의 경우 모두 '구제금융'은 그리스에 대해 채권을 가진 금융기업들에게 원금과 이자를 상환하는 것에 사용되며, 그리스 정부가 경제를 살리기 위해 투자하는 것에는 한 푼도 사용할 수 없다는 점입니다. 트로이카가 제공한 제1차 구제금융의 대가로, 그리스 정부는 수많은 공무원을 해고하고 공무원의 임금수준과 복지급여를 인하하며 퇴직자의 연금수준을 낮추고 연금을 받는 연령을 올려야 했습니다. 2010년 6월부터 18개월 동안 실시된 긴축내핍으로 경제성장은 마이너스(−)가 되었고, 공공부문과 민간부문의 임금수준은 각각 50%와 20% 저하했으며, 성인과 청년의 실업률은 각각 20%와 50%로 크게 증가했습니다. 제2차 구제금융의 대가로 트로이카가 요구하고 있는 새로운 긴축내핍정책(2012년 2월 12일 그리스 의회에서 통과됨)에 따르면, 그리스 정부는 2015년까지 공무원을 15만 명 추가로 해고하고 공무원의 봉급과 연금을 다시 대폭 삭감하며 법으로 정한 최저임금수준도 대폭 인하해야 하고 국영기업을 민영화해야 합니다. 그런데 이런 긴축내핍정책은 국내 상품에 대한 구매력을 줄여 더욱더 불경기를 심화시킬 것이므로, 정부의 내국세 징수액의 감소를 통해 예산 적자를 더욱 확대시킬 것입니다. 다시 말해 이런 긴축내핍정책은 그리스의 국채문제를 해소할 수도 없고 경제를 살릴 수도 없으며 인민대중만 빈곤과 실망에 빠뜨리게 될 것입니다.

이런 사실을 트로이카가 모두 잘 알고 있으면서도, 그리고 그리스 인민의 거대한 반대가 있는데도, 긴축내핍정책을 실시하라고 강요하는 이유는 무엇일까요? 트로이카의 유럽연합·유럽중앙은행·국제통화기금은 자본가계급 특히 금융자본자의 이익을 옹호하는 단체이기 때문에, 국가의 채무는 그 나라의 노동자와 서민이 반드시 갚아야 한다는 '교훈'을 국가 채무가 많은 모든 나라 — 예컨대 포르투갈·스페인·아일랜드·이탈리아·프랑스 등 — 의 노동자와 서민에게 가르치기 위해 그리스를 본보기로 삼았다고 보면 될 것입니다.

그리스에 대한 트로이카의 조치에는 몇 가지 중대한 문제점이 있습니다. 〈그림 1-3〉을 참조하세요. 첫째로 그리스 정부는 2008년 이래의 세계적 금융공황에서 그리스의 금융기업들이 파산 위기에 처하자 이들을 구제하기 위해 독일·프랑스·영국·미국 등의 은행들에게 그리스 국채를 팔아 자금을 조달했던 것입니다. 따라서 그리스의 금융자본가와 부자들이 당연히 책임을 져야 하지만 그리스 정부뿐 아니라 트로이카는 그리스의 부자들에게는 아무것도 요구하고 있지 않습니다. 지금 그리스의 부자

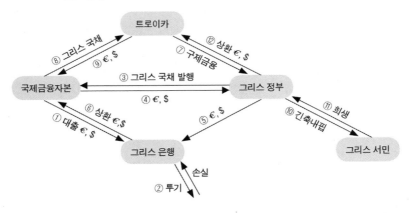

그림 1-3 트로이카·국제금융자본·그리스 정부·그리스 은행·그리스 서민 사이의 상호 관계

는 정부의 채무 총액의 두 배나 되는 5,600억 유로를 해외에 예금하고 있을 정도입니다.

둘째로 독일과 프랑스 등의 은행이 이자율이 높은 그리스 국채에 투자했기 때문에, 투자대상을 잘못 잡은 책임을 채권은행들이 져야 할 것입니다. 그런데 트로이카는 제2차 구제금융에서 그리스의 미상환 국채 전액을 다음과 같이 처리했습니다. 모든 국채는 53.5% 할인haircut한다, 나머지 46.5% 중 31.5%는 11~30년 만기의 그리스 장기 국채와 교환한다, 그리고 남은 15%는 유로존의 유럽금융안정기금EFSF: European Financial Stability Facility이 발행하는 단기증권으로 지급한다. 53.5%의 할인율은, 채권은행들이 이미 그리스 국채를 감가상각한 지 오래되었고,[*] 금융시장에서는 그리스 국채가 80% 할인되어 거래되는 사정을 감안할 때, 트로이카가 금

• 해외채권은행은 그리스 정부의 지급불능(디폴트)으로 대규모 손실이 한꺼번에 손익계산서에 나타나면 고객들이 놀라 은행예금을 인출할 것을 두려워하여, 매년 조금씩 미리 그리스 국채 보유액을 손실로 처리한 것입니다.

융자본에게 큰 선물을 주는 것이나 다름없습니다. 더욱이 나머지 46.5%에 대해서는 트로이카가 채권은행들이 입을 손실을 보상하겠다고 보증하고 있습니다. 이렇게 되면 금융기업들은 이자율이 매우 높지만 위험한 국채를 아무 걱정 하지 않고 매입할 것입니다. 국채가 부도가 나는 경우 트로이카가 공적 자금(이것은 납세자의 혈세입니다)으로 보상해줄 것이기 때문입니다. 금융자본은 이제 아주 쉬운 자본증식방법을 가지게 된 것입니다.

셋째로 제2차 구제금융이 트로이카 안에서 합의되기 이전에는, 그리스의 파산과 유로 탈퇴가 세계금융시장을 붕괴시킬 것이라는 비관적 견해가 지배적이었습니다. 그런데 제2차 구제금융이 합의되고 그리스의 채권은행들이 만족스러운 수준에서 원리금을 상환받게 되자, 채권은행들은 그리스와 더는 거래할 필요가 없기 때문에, 그리스의 파산이나 유로 탈퇴를 당연시하는 분위기가 나타나고 있습니다. 더욱이 유로 회원국들은 그리스의 국가채무 중 일부를 분담할 수밖에 없으므로, 그리스를 탈퇴시켜 자기들의 부담을 줄이면서 유로의 가치를 유지하려고 하는 분위기입니다. 결국 유럽연합이나 유로는 진정한 '유럽통합'을 달성하는 수단이 아니며, 트로이카는 금융자본의 채권을 추심하는 깡패 또는 금융자본의 독재를 강화하는 기구가 되어버린 것입니다.

넷째로 2012년 3월 20일에는 유럽연합 정상들이 모여 '유럽재정협약'을 체결하기로 합의 했습니다. 영국과 체코 두 나라만 빠지고 25개국이 서명했는데, 물론 각국에서 의회의 승인을 받아야 할 것입니다. 이 재정협약에 따르면, "가맹국의 예산 적자가 GDP의 3%를 넘으면 곧 유럽재판소가 그 가맹국에게 벌칙을 가하게 됩니다. 그런데 이 협약에 가입하지 않으면, 영구적인 유럽긴급구제자금(현재는 5,000억 유로)인 유럽안정기구

ESM: European Stabilisation Mechanism의 지원을 받을 수 없습니다". 다시 말해 유럽연합이 각국 의회의 예산 통제권, 각국 유권자의 재정정책에 대한 영향력 행사 등을 모두 빼앗아 오직 금융자본의 이익에 봉사하겠다고 선언하고 있는 셈입니다.

다섯째로 트로이카는 2012년 4월에 있을 그리스 총선이 연기되어야 한다는 의견을 공공연히 퍼뜨리고 있습니다. 참으로 기막힌 내정간섭입니다. 총선에서 긴축내핍정책을 실시하지 않겠다는 정당들이 이길 가능성이 크기 때문입니다. 그런데 2011년 11월에 유럽중앙은행의 부총재였던 파파데모스가 그리스 수상이 된 것도 트로이카의 압력에 따른 것이었습니다. 그 당시 수상 파판드레우가 제2차 긴축내핍정책을 국민투표로 결정하겠다고 발표한 것에 대해 책임을 물어 사임시키고, 몇 개의 정당을 모아 연립정부를 세우게 한 뒤 소속 정당도 없는 신자유주의적 은행가인 파파데모스를 수상에 앉힌 것입니다. 이제 이 지긋지긋한 긴축내핍정책을 지속시키기 위해서는 인민들을 총칼로 위협하는 '군사정권'을 세울 수밖에 없을 것이므로, 유럽연합 등 트로이카의 친 금융자본정책도 한계를 드러내게 되었습니다.

그런데 그리스는 5월 6일 총선을 실시했습니다. 긴축내핍정책을 받아들인 연립정부의 중도우파 '신민당'과 중도좌파 '사회당'이 각각 제1당과 제3당이 되고 긴축내핍정책을 반대하던 '시리자'당(급진좌파연합)이 제2당이 되었으나, 아무도 연립정부를 구성하지 못하여, 6월 17일 제2차 총선을 실시했습니다. 이 총선에서 가장 높은 득표율을 얻은 신민당이 제1당의 특혜를 받아 300석 중 129석, 거의 차이가 없는 득표율을 얻는 제2당인 시리자당이 72석을 차지했고, 사회당은 33석, 신나치당인 '황금새벽당'이 18석, '민주좌파당'이 17석을 얻었습니다. 신민당은 사회당과 민주좌파당과 함께 연립정부를 구성하여, 유로존에 남으면서 긴축내핍정책의 내용을 재협상하겠다고 발표했습니다. 그런데 프랑스에서 5월 6일의 대통령 선거에서는 긴축내핍정책보다는 성장정책을 실시하겠다는 사회당의 올랑드가 대통령에 당선되고 6월 17일의 총선에서는 사회당이 과반수 의석을 차지했습니다.

그런데 4월부터 스페인과 이탈리아가 국내은행들의 부실과 국가채무 과다 등으로 국채발행에서 예외적으로 높은 금리를 지급하지 않으면 안 될 위기에 처했습니다. 스페인과 이탈리아는 그리스와 비교할 수도 없이 큰 나라이기 때문에, 트로이카는 긴축내핍정책을 요구하기보다는 유럽금융안정기금EFSF과 유럽안정기구ESM를 통해 유로존 은행을 직접 지원할 뿐 아니라 국채를 직접 매입할 것을 천명하다가 6월 29일 유럽연합 정상회담에서 공식적으로 그렇게 하기로 결정했습니다.

아마도 이것이 긴축내핍정책을 통해 금융자본의 이익을 단기적으로 옹호하기보다는 경제 전반의 활성화, 특히 일자리 창출을 통해 산업자본과 금융자본의 조화로운 발전을 추구하는 계기가 될 수도 있을 것입니다.

1-7
새로운 사회에 대한 열망

2008년 봄 한국에서는 중·고등학생을 중심으로 신자유주의적이고 대미종속적인 이명박 정부의 쇠고기 수입정책을 반대하는 촛불시위가 계속되었고, 2010년 5월부터 그리스·포르투갈·아일랜드·스페인·프랑스·영국 등에서 정부의 긴축내핍정책에 반대하는 대중운동이 폭발했으며, 한국에서는 초등학교의 무상급식과 대학교의 '반값등록금'을 실시하라는 학생운동·시민운동과, 해고자를 복직시키라는 노동운동이 거대한 규모로 일어났습니다. 2011년 초에는 튀니지와 이집트의 민중이 신자유주의적 대외 종속적 독재정권을 타도했으며, 2월에는 미국에서 정부의 긴축정책과 노동조합 탄압에 반대하는 거대한 민중시위가 위스콘신에서 일어났고, 10월에는 "월가를 점령하라"는 구호 아래 1%의 금융귀족에 대한 99%의 서민들의 저항운동이 미국 전역을 휩쓸었습니다. 2012년 초부터 트로이카가 강요하는 긴축내핍정책에 대항하여 그리스·이탈리아·스페인의 서민이 또다시 거대한 시위를 벌이고 있습니다.

트로이카가 그리스에 가하는 충격요법은 그리스 경제를 살리거나 예산의 균형을 회복하기 위한 것이 아니라, 그리스의 뒤를 따를 다른 나라들의 서민들에게 미리 겁을 주어 금융자본의 지배에 대항하지 못하게 하려는 것입니다. 왜냐하면 이 충격요법에는 금융자본과 부자에 대한 긴축내핍정책은 하나도 없기 때문입니다. 다시 말해 2007년 이래의 금융공황에서 금융자본이 입은 손실을 노동자계급과 서민에게 전가시키는 국제적공격의 무자비한 예가 바로 그리스 인민에게 가한 긴축내핍조치라고 보아야 할 것입니다. 그리고 긴축내핍에 대한 강력한 반대 속에서 국내의 사회질서가 혼란에 빠질 때 군대가 나타나서 정권을 장악하여 친기업적 군사독재를 수립하는 것이 또한 국제금융자본의 희망사항일 것입니다. 그리스의 노동자계급과 서민은 유럽과 세계의 모든 서민과 단결하여 현재의 '금융자본의 유럽연합'을 타도하고 '자유롭고 평등한 개인들의 유럽연합'이라는 새로운 사회를 건설해야 할 것입니다.

경제가 회복되고 있다는 미국에서도 실업 상황은 실제로는 거의 개선되고 있지 않습니다(wsws.org. 2012년 2월 4일자 기사). 2012년 1월의 '공식' 실업률은 8.3%로서 2009년 2월 이래 최저수준입니다. 그러나 '파트타임 노동자 중 풀타임 노동자가 되기를 원하는 불완전취업자' 820만 명과, '일하고 싶지만 일자리 찾기가 어려워 일하기를 포기한 실망노동자' 280만 명을 '공식' 실업자의 수(1,280만 명)에 추가한다면, '현실적 실업자'는 2,380만 명이 되고 '현실적 실업률'은 15.1%가 됩니다. 이 숫자는 2007년 12월 경기후퇴가 시작하던 때에 비해 6.3%포인트가 높습니다. 그리고 2001년 1월에서 2012년 1월 사이에 사라진 일자리가 560만 개이고, 그 사이에 노동연령이 된 노동자들에게 주어야 할 일자리가 500만 개이므로, 2012년 1월 현재 일자리 부족은 1,100만 개라고 보아야 합니다. 2012년 1월의 일자리 증가율에 따라 계산하면 이런 일자리 부족은 2019년에 가서야 사라질 것입니다. 또한 16세 이상의 인구 중 경제활동인구(취업자이거나 적극적으로 일자리를 찾는 사람)의 비중은 2012년 1월 63.7%로 2007년 12월 이래 가장 낮습니다. 실업자 중 6개월 이상의 실업자는 2012년 1월 42.9%인데, 2007년의 평균이 17.5%인 것에 비하면 터무니 없이 높습니다. 끝으로 지적해야 할 것은, 최근에 창출된 일자리는 대체로 임금수준이 매우 낮고 고용의 안정성이 거의 없는 비정규직, 프레카리아트precariat라는 점입니다.

정보산업과 통신산업의 발달로 사회의 생산력이 거대하게 증대했고, 각국 국민은 세계적인 생산조직·교통망·통신망·소비시장 등을 통해 점점 더 상호의존하게 되어 세계시민으로서 '보편적' 인간으로 성장하고 있습니다. 그리고 사회의 각계각층의 자본을 동원하여 자본의 사적 소유보다는 사회적 소유를 강화하는 주식회사·금융자본·다국적기업 등이 거대한 생산력을 자기의 통제 아래에서 더욱 발전시키고 있습니다. 또한 노동과정의 과학화로 점점 더 전면적으로 발달한 노동자들이 증가하면서, 공장·기계·설비 등 생산수단은 점점 더 노동자들이 공동으로 '점유'하게 되었습니다.

이런 과학기술과 생산력의 거대한 발달과 노동자들의 보편적 세계인으로의 발달이 진행되었음에도, 개인들의 유적 존재로서의 인류는 실업·빈곤·억압·착취·전쟁·차별·환경파괴 등으로 하루도 편안하게 지낼 수가 없습니다. 개인들이 타인과 자연에 대해 인류의 입장에서 상대하면서 인류의 능력을 최고도로 발휘하여 자유롭고 평등하게 살 수 있는 가능성이 지금 당장 풍부하므로, 개인들이 보편적 세계인으로 상호 단결하고 연합하여 현재의 사회체제를 혁명함으로써 이 가능성을 현실성으로 전환시켜야 할 것입니다.

*** 더 읽을 거리

제1장은 우리가 현재 당면한 과제들을 요약하고 있으므로 좀 어렵다고 느낄 수도 있습니다. 그렇다면 좀 더 길게 좀 더 쉽게 설명한 다음의 책을 읽어보세요.

➲ 『새로운 사회를 위한 경제이야기』. 김수행 지음(한울, 2008).
➲ 『세계대공황』. 김수행 지음(돌베개, 2011).
➲ 『알기 쉬운 정치경제학』. 제3개정판. 김수행 지음(서울대학교출판문화원, 2011).

제 **2** 장

사회의 변혁은 어떻게 일어날까?

『정치경제학 비판을 위하여』의 '서문'

마르크스는 1859년에 출간한 『정치경제학 비판을 위하여』의 '서문'에서 자기가 어떤 학문을 어떻게 연구했는가 하는 '학문 이력서'를 공개하면서, 정치경제학을 본격적으로 연구하기 이전에 법학과 철학과 역사를 공부하여 이미 '유물사관material interpretation of history'을 확립했다고 말합니다. 그리고 유물사관은 "내가 얻은 결론이고 한번 터득하자마자 나의 모든 연구의 길잡이"가 되었다고 찬양하면서, 그 핵심을 요약했습니다. 이 유물사관의 핵심에는 사회 일반의 구조와 이 구조의 변혁과정에 관한 마르크스 자신의 생각이 매우 분명히 드러나 있습니다. 이 절에서는 유물사관의 핵심(CW 29: 263~264)을 단락에 따라 차례로 해설하려고 합니다.•

• 이 '서문' 전체는 별책 『마르크스의 저작 인용 영한대역본』에 영어와 한글번역으로 수록되어

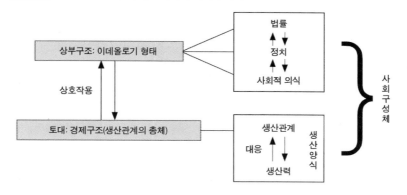

그림 2-1 토대와 상부구조, 생산양식과 사회구성체

① 인간들은 자기의 생존을 사회적으로 영위하는 과정에서 자기의 의지와
는 독립적인 일정한 관계, 즉 자기의 물질적 생산력의 일정한 발전단계에
알맞은 생산관계를 필연적으로 맺게 된다. 이 생산관계들의 총체가 사회의
경제구조, 현실적 토대를 이루며, 이 위에 법률적·정치적 상부구조가 서고
그 토대에 알맞은 일정한 형태의 사회적 의식이 생긴다.

여기에 나오는 용어를 조금 자세히 설명하겠습니다. 〈그림 2-1〉을 참
조하세요. 마르크스는 사회를 '토대'와 '상부구조'로 구별되는 한옥에 비
유합니다. 사회의 현실적 토대는 '경제구조'이고 이 위에 법률·정치·문
화·사회적 의식 등의 '상부구조'가 서 있다고 봅니다. 어느 사회이든 발전
하는 사회는 토대와 상부구조가 조화를 이루는 하나의 '유기적 전체'일 것
입니다. 이런 의미에서 그는 사회를 '사회구성체social formation'라고 부르기
도 하고,• 경제구조가 사회구성체의 토대로서 사회구성체의 성격을 규

있습니다.

정한다고 보기 때문에, 사회를 '경제적' 사회구성체라고도 부릅니다. 그리고 이 경제구조의 핵심이 '생산양식mode of production'인데, 생산양식은 '생산력'과 '생산관계'로 구성됩니다. 생산력은 한 사회의 생산능력을 가리키는데, 어떤 노동수단으로 어떻게 생산하는가를 나타내는 생산방식, 과학기술의 도입 정도, 노동하는 개인들의 능력과 자발성과 협력 정도 등에 달려 있습니다. 다른 한편 생산관계는 생산과정에서 인간들이 서로 맺게 되는 사회적 관계를 가리키는데, 생산관계의 핵심은 노동하는 개인들이 토지·공장·기계 등 생산수단을 어떤 '방식'으로 — 예컨대 자기의 것으로 또는 타인의 것으로 — 상대하는가에 관한 것입니다. 이 방식에 따라 생산에 관계하는 개인들의 지배·종속관계, 누가 생산수단을 소유하는가, 누가 공동노동의 생산물을 마음대로 처분하는가 등이 결정될 것입니다. 따라서 마르크스는 생산관계의 총체가 사회의 경제구조를 이룬다고 말하는 것입니다.

위에서 "인간들은…… 자기의 의지와는 독립적인…… 생산관계를 필연적으로 맺게 된다"는 주장은 주류경제학이 인간을 경제인(호모 이코노미쿠스homo economicus)이라고 규정하는 것을 반박하는 의미를 가집니다. 경제인은 "최소의 비용으로 최대의 수익을 얻는 인간"인데, 모든 인간이 경제인이라면 역사상에 실존한 노예나 농노나 임금노동자의 탄생을 설명할 수가 없습니다. 왜 그들이 노예주나 영주나 자본가가 되지 않았는가를 물으면, "자기 스스로 노예나 농노나 임금노동자가 되기를 '선택'했다"고

● 사회구성체라는 개념은, 지질학에서 지층의 누적에 의해 지질의 역사를 파악하듯이, 인간 사회의 역사에서도 이전의 사회형태들 위에서 새로운 사회가 형성된다는 관점을 지니고 있습니다. 이 관점에 따르면, 지배적인 사회형태와 나란히 과거의 사회형태나 미래의 사회형태(잠재적이긴 하지만)도 함께 존재할 것입니다.

주장할 수밖에 없게 될 것이고, 이것은 인류의 역사에 대한 완전한 무지를 폭로하는 것입니다. 현재의 수많은 실업자들을 주류경제학자들이 "자신이 선택한 '자발적voluntary' 실업자"라고 우기는 이유도 인간＝경제인이라고 보기 때문입니다. 이런 황당한 설명을 배척하기 위해, 마르크스는 누가 노예나 노예주, 농노나 영주, 또는 자본가나 임금노동자가 되는 것은 인간의 '의지'와는 관계없는 사실임을 강조하고 있습니다.

② 물질적 생활의 생산방식이 사회적·정치적·정신적 생활 일반을 제약한다. 인간의 의식이 인간의 존재를 규정하는 것이 아니라 인간의 존재가 인간의 의식을 규정한다.

이것은 관념론적 역사 해석을 비판하는 것이고, 특히 헤겔이 절대이성(이데아)의 전개에 따라 세계가 변화한다는 주장을 반박하는 의미를 지닙니다. 다시 말해 이 세계는 완전무결한 '신God'의 계시에 따라 변화하는 것이 아니라, 인간이 환경을 변화시키면서 아울러 자기 자신을 변화시키는 과정에서 세계가 변화한다고 본 것입니다. 마르크스는 "관념적인 것은 물질적인 것이 인간의 두뇌에 반영되어 사고thinking의 형태로 변형된 것에 지나지 않는다"고 지적하기도 했습니다.

③ 사회의 물질적 생산력은 발전의 특정 단계에서 생산력이 이제까지 그 테두리 안에서 발전해온 기존 생산관계 또는 이것의 법률적 표현에 지나지 않는 소유관계와 모순을 일으키게 된다. 이 생산관계가 생산력을 발전시키는 형태로부터 생산력을 속박하는 형태로 전환한다는 말이다. 이때에 사회혁명social revolution의 시대가 시작된다. 경제적 토대의 변화는 조만간 거대한

상부구조 전체를 변혁하게 된다. 이런 변혁을 공부할 때, 자연과학적으로 정확하게 확인할 수 있는 경제적 생산조건의 물질적 변혁과, 인간들이 이 모순과 충돌을 의식하게 되어 해결하려고 투쟁하는 법률적·정치적·종교적·예술적 또는 철학적 형태, 요컨대 이데올로기적 형태를 구별해야만 한다. 사람이 자기 자신을 어떻게 생각하느냐에 따라 그 사람을 판단하지 않듯이, 우리는 이 변혁의 시대를 그 시대의 의식에 의해 판단할 수는 없으며, 오히려 물질적 생활의 모순들, 사회적 생산력과 생산관계 사이의 충돌로부터 그 시대의 의식을 설명해야만 한다.

사회구성체의 교체과정이 사회혁명인데, 이 사회혁명은 기존 생산관계가 생산력의 발전을 저지할 때 일어난다고 말합니다. 기존 생산관계 때문에 그 사회의 인적·물적 자원이 낭비된다든가, 기존 생산관계 때문에 새로운 생산력이 발전 기회를 잃게 될 때, 기존 생산관계를 대표하는 정치권력을 타도하려는 주체들과 혁명사상이 생기게 된다는 이야기입니다.

예를 들면 현재의 세계대공황에서는 수많은 실업자가 생기고 수많은 공장과 사업체 및 은행이 파산했는데, 이것은 막대한 인적·물적 자원의 손실입니다. 흔히들 생산의 3요소를 토지·기계·노동이라고 말하는데, 이 3요소가 남아돌면서도 생산은 증가하지 않고 인간들은 굶어죽는 '괴상한' 현상이 지구를 휩쓸고 있지 않습니까? 이것의 이유가 무엇이겠습니까? 자본주의 사회에서는 자본가가 이윤을 얻을 수 있어야만 생산을 조직·개시합니다. 그런데 지금은 이윤을 얻을 전망이 보이지 않기 때문에 자본가는 금고에 현금을 쌓아두면서도 토지와 기계와 노동을 사용하여 생산하려고 하지 않습니다. 그리고 하루 10시간의 노동시간을 하루 5시간으로 줄이면 지금의 실업자를 모두 고용할 수 있는데도 노동시간의 단축을 반대하는 집단이 누구입니까? 자본가계급입니다. 또한 노동자들을 모두 프레카리아트precariat로 만들어 임금수준을 인하하고 일자리의 안정성을 빼앗아서 청년에게 삼포(연애·결혼·출산의 포기)를 강요하며 국내경기를 침체에 빠뜨리는 집단이 누구입니까? 바로 이윤밖에 모르는 자본가계급이 아니고 누구이겠습니까? 이 자본가계급이 경제·정치·사법·문화 등 사회 전반을 장악하고 있는 지금의 상태를 타도하려는 주체들이 나타나지 않는다면, 오히려 이상하지 않을까요?

마르크스는 사회를 교체하는 세력은 다름 아닌 의식·의욕·의지를 가진 개인들이라고 보지만, 이런 개인들의 의식적 행동의 총체인 역사적 과정의 밑바탕에는 이들의 의지·의욕에 선행하여 이것을 규정하는 물질적 생산력의 발전과 경제적 토대의 변화가 있다고 봅니다. 다시 말해 생산력과 생산관계 사이의 모순과 갈등이 커지면 경제구조의 조화에 금이 가기 시작하고, 이 경제구조의 부조화disharmony로 인해 기존 사회세력과 신흥의 사회세력은 상부구조에서 정치적·법률적·사상적 투쟁, 한마디로 이데올로기 투쟁을 전개하게 됩니다. 이 이데올로기 투쟁에서 새로운 사회세력이 이겨야만, 이 혁명사상이 민중을 사로잡아 기존 지배세력을 물리치고 법적·정치적 구조를 변혁하게 될 것입니다. 이것이 바로 새로운 사회를 최초로 열게 하는 '정치혁명'입니다. 이 정치혁명은 인적·물적 자원의 낭비를 막고 생산력의 발전을 도모하는 새로운 생산관계를 확립함으로써, 경제구조의 조화를 다시금 회복하게 될 것입니다. 이 경제혁명은 정치혁명보다는 시간이 더 걸릴 것입니다. 이리하여 낡은 사회는 무너지고 새로운 사회가 점차 자기 발로 서게 될 것입니다.

④ 어떤 사회구성체도, 그것이 충분한 발전 여지를 주고 있는 생산력이 다

발전하기 전에는, 결코 멸망하지 않으며, 그리고 새로운 뛰어난 생산관계
도 자신의 물질적 존재조건이 낡은 사회의 태내에서 성숙하기 전에는 낡은
생산관계를 대체하지 않는다. 이처럼 인류는 언제나 자기가 해결할 수 있
는 문제만을 제기한다. 왜냐하면 좀 더 자세히 검토하면, 문제 그 자체는 그
것을 해결할 물질적 조건이 이미 있거나 적어도 형성과정에 있는 경우에만
생기기 때문이다.

마르크스가 여기에서 새로운 사회는 하늘에서 툭 떨어지거나 혁명가
의 두뇌에서 '구상'되는 것이 아니라, "낡은 사회가 이미 새로운 사회의 구
성요소들을 자기의 태내에 잉태하고 있다"는 명제를 제출하고 있습니다.
이 명제는 "사회주의를 달성할 수 있는 구체적 방법이나 수단을 가지고
있지 않다"고 '공상적utopian' 사회주의자들을 비판한 것과, "자본주의 이
후의 새로운 사회는 노동하는 개인들이 자발적으로 연합하여 스스로 자
기의 힘으로 건설하는 것"이라는 명제와도 관련이 있습니다. 새로운 사회
의 구성요소들이 지금 모두의 눈에 보이기 때문에, 그리고 모든 민중이
그렇게 하면 지금의 문제를 해결할 수 있다고 생각하기 때문에, 새로운
사회를 보다 쉽게 건설할 수 있다는 것입니다. 뒤에서 자세히 설명할 것
이지만, 자본주의 이후의 새로운 사회에서는 자본가계급에 의한 생산수
단의 사적 소유(또는 독점)는 사라지며, 생산수단을 자본가의 이윤 획득에
사용하는 것이 아니라 모든 개인의 필요와 욕구를 충족시키는 것에 사용
하므로, 지금의 실업과 파산과 빈부격차와 자살은 제거될 뿐 아니라 자본
가계급에 의한 착취와 억압이 폐지될 수 있다는 주장은 매우 현실성이 있
는 이야기입니다. 왜냐하면 대기업에서는 월급쟁이 사장을 포함한 모든
노동자들이 사실상 공장과 사업체를 운영하고 있으며, 그들이 공장과 기

계와 토지를 실제로 공동으로 '점유'하고 있으므로, 주식만을 만지작거리면서 놀고먹는 자본가계급이 사라지더라도 경제에는 아무런 손실이 생기지 않기 때문입니다.

⑤ 대체로 말해 아시아적·고대적·봉건적 그리고 현대 부르주아적 생산양식을 경제적 사회구성체의 순차적 시기라고 말할 수 있을 것이다. 부르주아적 생산관계는 사회적 생산과정의 최후의 적대적 형태이다. 여기서 적대적이라고 말하는 것은 개인적 적대를 가리키는 것이 아니라 개인들의 사회적 생활조건에서 생기는 적대를 가리킨다. 그런데 부르주아 사회의 태내에서 발전하는 생산력은 동시에 이 적대를 해결할 물질적 조건을 만들어낸다. 따라서 인간 사회의 전사prehistory는 이 사회구성체와 더불어 끝난다.

여기에서 말하는 아시아적 → 고대적 → 봉건적 → 자본주의적 생산양식은 모든 나라가 이런 순서로 발전했다는 것도 아니고 이런 순서로 발전해야 한다는 것도 아닙니다. 흔히들 위의 순서에 '사회주의적 생산양식'을 추가한 '역사발전의 5단계설'이 마르크스의 역사 인식의 핵심이라고 주장하는 것은 마르크스를 모르고 하는 이야기입니다. 마르크스는 1881년 러시아의 인민주의자● 자수리치Zasulich에게 보낼 답장의 초안(CW 24: 370~371)에서 위의 순차적 시기는 '유럽중심적' 사고방식에서 나온 것이라고 인정했으며, 그리고 모든 나라나 지역이 이런 단계들을 거쳐야만 사회주의 사회로 진입할 수 있다고 마르크스가 말한 바가 없습니다. 오히려 인도에 대한 영국의 지배를 논의하면서 촌락공동체적인 인도가 외부의 사

● 나로드니키Narodniki'라고 부르는데, 농촌공동체를 중심으로 자본주의를 거치지 않고 사회주의로 직진하기를 원했습니다. 레닌은 이들을 비판했습니다.

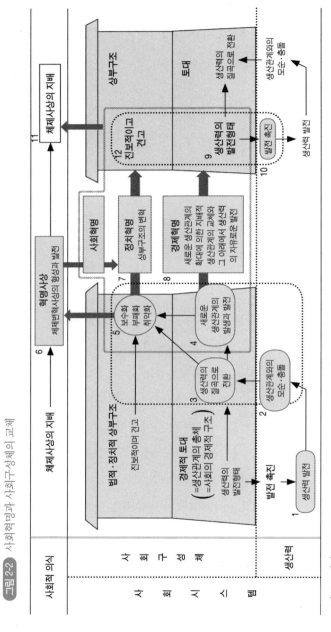

그림 2-2 사회혁명과 사회구성체의 교체

사회적 의식	체제사상의 지배	

사회구성체

법적·정치적 상부구조
진보적이며 견고

경제적 토대
(=생산관계의 총체 =사회의 경제적 구조)
생산력의 발전형태

혁명사상
체제변혁사상의 형성과 발전 6

사회혁명

정치혁명 7
상부구조의 변화

경제혁명 8
새로운 생산관계의 확대에 의한 지배적 생산관계의 교체와 그 아래에서 생산력의 자유로운 발전

보수화 부패화 취약화 5

새로운 생산관계의 발생과 발전 4

생산력의 질곡으로 전환 3

생산관계와의 모순·충돌 2

발전 촉진
생산력 발전 1

생산력

상부구조

토대

진보적이고 견고 12

생산력의 발전형태 9

생산력의 질곡으로 전환

생산관계와의 모순·충돌

발전 촉진
생산력 발전 10

사회시스템

자료: 오타니(2010: 82).

회주의 사회의 지원에 의해 곧장 사회주의 사회로 진입할 수 있다고 말했고(CW 12: 125~133), 러시아 사회에 대해서도 '자본주의라는 연옥'을 거치지 않고 사회주의로 진입할 수 있다고 밝힌 바 있습니다(Shanin, 1983).

그리고 자본주의 사회가 인간 사회의 '전사'를 끝낸다고 말한 것은, 마르크스가 예측하는 자본주의 이후의 사회에서는 인간에 의한 인간의 착취·억압·차별이 없어지고 인간은 자연을 인류의 입장에서 상대하기 때문에, 인간의 유적 존재로서의 '인류'에게는 새로운 역사가 시작된다는 의미입니다.

마르크스가 위에서 말한 법칙은 〈그림 2-2〉로 요약할 수 있을 것입니다. 즉 생산력의 발전 → 생산관계와의 모순과 충돌 → 새로운 생산관계의 발생과 발전 → 혁명사상의 형성과 발전 → 정치혁명 → 경제혁명 → 생산력의 발전이라는 법칙은 모든 사회를 관통하는 '사회발전의 일반법칙'이라고 보아야 할 것입니다(오타니, 2010: 84). 그러나 이 법칙은 각각의 역사적 사회에서 각각 다른 형태를 취해 관철될 것이므로, 각각의 사회에는 각각 독특한 발생·발전·소멸의 법칙이 있을 것입니다. 자본주의 이후의 새로운 사회를 고찰하는 우리의 과제에서는 자본주의 사회의 붕괴과정과 새로운 사회의 형성과정이 아래에서 구체적으로 논의될 것입니다.

2-2
『자본론』의 중요성

우리가 미래를 예측하려고 한다면, 반드시 과거와 현재를 세밀하게 분석해야만 합니다. 다시 말해 우리는 과거와 현재의 상황에서 미래를 전망하는 것입니다. 그리고 "자본주의 사회가 새로운 사회를 잉태하고 있다"고 마르크스는 보기 때문에, 『자본론』이 자본주의 이후의 새로운 사회를 예측하는 데 매우 중요한 의미를 가지게 됩니다.

마르크스는 "자본주의 사회의 경제적 운동법칙을 발견하는 것"이 『자본론』의 최종 목적이라고 말했습니다(1상: 6; CW 35: 10). 이 '경제적 운동법칙'은 두 가지 차원의 내용을 가질 것입니다. 첫째는 유구한 인류 역사 속에서 자본주의 사회는 일시적이고 과도기적 사회일 수밖에 없으므로, 경제적 운동법칙은 자본주의 사회의 '생성·발전·소멸의 법칙'을 내포해야 할 것입니다. 둘째는 경제적 운동법칙은 자본주의 사회 그 자체의 구조와 발전에 관한 법칙이어야 합니다. '구조'를 연구한다는 것은 양대 계급인 자본가계급과 임금노동자계급 사이의 착취관계를 조사하고, 나아가 임금노동자계급으로부터 착취한 잉여가치가 어떻게 유산계급(산업자본가·상업자본가·금융자본가·토지소유자) 사이에 분배되는가를 밝히는 것입니다. 그리고 '발전'을 연구한다는 것은 착취관계와 분배관계가 자본의 축적에 따라 어떻게 변형되는가, 그리고 경제위기와 공황이 왜 반복되는가를 폭로하는 것입니다.

그런데 첫째 과제와 둘째 과제는 서로 긴밀한 관련을 가질 수밖에 없습니다. 둘째 과제에서 착취당하는 노동자계급의 상태에 관한 분석, 공황의 필연성과 이것의 파괴성에 관한 분석, 노동과정이 점점 더 다수 노동자의 협업에 의해 수행될 수밖에 없다는 분석, 과학기술의 발달로 사업체가 개인의 자본 규모에 의해서는 운영될 수 없어 주식회사 형태의 '사회적' 자본에 의해 운영될 수밖에 없다는 분석, 신용제도를 이용하여 노동자들이 공동으로 협동조합 공장을 설립함으로써 자본가 없이도 생산이 가능할 뿐 아니라 노동자들이 더욱 자유롭고 평등하게 생활할 수 있다는 사실의 증명 등은 자본주의 사회의 구조와 발전에 관한 연구일 뿐 아니라, 새로운 사회를 추진하는 주체와 새로운 사회가 현실로 드러나는 형태에 관해 큰 정보를 제시하지 않을 수 없기 때문입니다.

더욱이 『자본론』에 적용된 변증법은 자본주의의 역사적 사명과 성과를 높이 평가하면서도 이것이 결국은 보다 높은 사회의 물질적·주체적 기반을 형성한다고 보기 때문입니다. 마르크스의 변증법은, 현존하는 것을 찬미하는 헤겔의 변증법과 달리, "현존하는 것을 긍정적으로 이해하면서도 동시에 그것의 부정, 즉 그것의 불가피한 파멸을 인정하기 때문이며, 또 역사적으로 전개되는 모든 형태들을 유동상태·운동상태에 있다고 간주함으로써 그것들의 일시적 측면을 동시에 파악하기 때문"(1상: 19)입니다.

이처럼 "경제적 사회구성체의 발전을 하나의 자연사적 과정"(1상: 6)으로 보니까, 마르크스는 자기 이전의 고전파 경제학과 속류경제학이 지닌 자본주의의 영구불멸성을 완전히 뒤집을 수 있었습니다. 이들은 대체로 자본주의 사회가 야만과 미개의 단계를 거쳐 도달한 '정상적' 사회 상태, 즉 인간의 본성에 가장 적합한 사회이므로, 질적으로 변할 수 없다고 생각한 것입니다. 이런 자본주의의 영구불멸성을 믿지 않아야 새로운 사회에 대한 전망을 가지고 혁명할 의욕이 생기는 것입니다. 마르크스는 다음과 같이 말합니다.

부르주아적 생산양식과 이것에 상응하는 생산·분배관계가 역사적인 것으로 인식되자마자, 그것들을 생산의 자연법칙이라고 보는 망상은 사라지고, 자본주의적 생산양식이 앞으로 나아가야 할 새로운 사회, 새로운 경제적 사회구성체에 대한 전망이 열린다(CW 33: 346).

그리고 노동자계급과 서민의 '자각'이 사회의 변혁에 가장 중요한 요소라는 것을 마르크스는 크게 강조하고 있습니다.

[노동자들이] 생산물을 자기 자신의 것으로 인정하는 것, 그리하여 자기가 자기[의 노동]를 실현할 조건[생산수단과 생활수단]으로부터 분리된 것이 불공정하다는 것, 즉 폭력에 의해 강제된 관계라는 것을 알게 된 것은 거대한 자각이며, 이 자각 자체는 자본주의적 생산양식의 산물이다. 이 자각이 자본주의적 생산양식을 멸망시키는 전조인 것은, 마치 노예가 자기는 다른 사람의 소유가 될 수 없다는 의식을 가지게 되자마자, 노예제는 인위적이고 너무 오래 질질 끌어온 제도로 인식되어 생산의 토대로 역할을 할 수 없게 된 것과 마찬가지이다(CW 34: 246).

그리고 『자본론』은 특히 "분배관계의 변화를 통해 새로운 사회를 건설할 수 있다"는 주장을 비판하고 있다는 사실을 상기해야 할 것입니다. 이것과 관련하여 몇 가지 마르크스가 지적한 것을 이야기하겠습니다.

첫째로 마르크스는 『자본론』 전체를 통해 노동자는 '노동력의 가치'에 해당하는 임금을 받고 있다고 가정하고 있습니다. 다시 말해 노동자는 자기의 임금으로 자기와 가족의 '정상적' 생활을 유지할 수 있다고 가정하고 있습니다. 물론 지금과 같은 공황기에는 전혀 사실이 아닙니다. 그러나 이렇게 가정하는 것은, 자본주의적 생산양식은 임금을 생활급 이하로 인하하지 않더라도 잉여가치를 '충분히' 획득하면서 성장할 수 있는 역동적 체제라는 것을 밝히려고 하기 때문입니다. 더욱이 아무리 임금을 인상하더라도 노동자는 '임금노예'에 지나지 않으며, 따라서 임금 인상 투쟁만으로는 노동자계급은 자본의 지배로부터 해방할 수 없다는 것을 강조하려고 하기 때문입니다.

둘째로 마르크스는 "분배관계는 본질적으로 생산관계와 동일하며 생산관계의 뒷면"(3하: 1066)이고, 따라서 생산관계의 변혁 없이 분배관계만을 변혁하는 것에는 한계가 있다고 말합니다. 자본가계급이 토지·기계·원료 등 생산수단을 독점하고 노동자계급은 자기의 노동력을 팔아 생계를 유지하는 '생산관계'로 말미암아, 자본가계급이 노동자계급을 착취하여 거대한 부를 축적할 수 있게 됩니다. 만약 생산관계가 변혁되어 생산수단이 노동하는 개인들의 공동 소유로 되면, 생산의 결과는 노동하는 개인들 사이에 '공평하게' 분배될 것입니다. 마르크스는 1875년에 쓴 「고타강령 초안 비판」에서 다음과 같이 말합니다.

이른바 분배를 가지고 야단법석을 떨고 거기에 중점을 두는 것은 도대체 잘못된 것이다. 어느 시대에도 소비수단의 분배는 생산조건 자체의 분배의 결과일 뿐이고, 생산조건의 분배는 생산양식 자체의 특징이다. 예컨대 자본주의적 생산양식은, 물적 생산조건들은 자본소유와 토지소유의 형태로 노동하지 않는 사람들의 수중에 있는 반면에, 대중은 인적 생산조건인 노동력의 소유자일 뿐이라는 사실에 근거하고 있다. 생산요소들이 이렇게 분배되면 오늘날과 같은 소비수단의 분배가 저절로 생긴다. 물적 생산조건들이 노동자들 자신의 협동조합적 소유가 되면 오늘날과는 다른 소비수단의 분배가 생기게 마련이다. 부르주아 경제학자들을 본받은 속류 사회주의자들(그리고 이들을 다시 본받은 일부 민주주의자들)은 분배를 생산방식과는 독립적인 것으로 간주하여 그렇게 다루고 있으며, 따라서 사회주의는 주로 분배를 중심과제로 삼고 있는 것처럼 서술하고 있다(『저작선집』 4: 378; CW 24: 87~88).

2-3
새로운 사회가 자기 발로 서기까지

인류의 경제적 역사는 대체로 〈그림 2-3〉처럼 묘사할 수 있습니다. 자본주의 사회가 스스로 재생산하면서 발전하다가 새로운 사회의 구성 요소들을 태아로 잉태하게 됩니다. 태아가 성장하는 동안 자본주의 사회의 문제점과 모순이 심화됨에 따라, 자본주의 사회를 타도하려는 주체들이 정치적 혁명을 일으켜 자본주의적 '정치권력'을 타도하고 태아가 갓난 애기로 태어나게 할 것입니다. 이 아기가 성장하여 자기 발로 서야만 비로소 새로운 사회가 형성되었다고 말할 수 있기 때문에, 정치혁명과 더불어 자본주의적 경제구조와 사회적 의식을 제거하고 새로운 사회를 건설하기 위해서는 오랜 시간의 '이행기' 또는 과도기가 필요할 것입니다. 자본주의 사회로부터 새로운 사회가 확립하기까지는 매우 길고 험난한 다음과 같은 단계들을 거쳐야 할 것입니다.

첫째 단계에서는 자본주의 사회에서 새로운 사회의 구성 요소들이 성장하게 됩니다. 제3장에서 자세히 논의할 것이기 때문에 여기에서는 간단히 이야기할 것입니다. 먼저 자본가계급의 끊임없는 가치증식 욕구로 임금노동자계급에 대한 착취가 점점 더 증가하지만, 가치증식의 전제이고 결과인 사회의 생산력 발전은 자본가계급이 모르는 사이에 새로운 사회를 위한 주체적·물질적 조건을 준비하게 된다는 점입니다. 하나의 상품을 생산하더라도 수많은 노동자들이 하나의 기업 안에서뿐 아니라 사회 전체의 기업들 사이에서도 서로 협력해야 하기 때문에, 노동이 개인적 성격을 띠는 노동(개별적 노동)이 아니라 사회적 성격을 띠지 않을 수 없습니다. 이것을 '사회적 노동'이라고 하거나 '노동의 사회화'(이것은 '사회적으

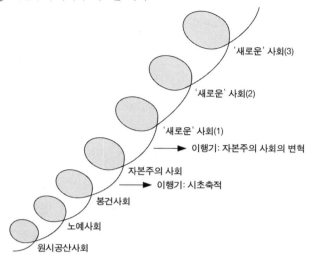

그림 2-3 자본주의 사회와 '새로운' 사회

'새로운' 사회(3)

'새로운' 사회(2)

'새로운' 사회(1)

→ 이행기: 자본주의 사회의 변혁

자본주의 사회

→ 이행기: 시초축적

봉건사회

노예사회

원시공산사회

자료: 김수행(2008: 18) 수정·추가.

로 된 노동'이라는 의미입니다)라고 말합니다. 그리고 이렇게 다수의 개인들의 협동적 노동에 의한 대규모 생산을 '공동의 생산', '사회적 생산'이라고 말합니다. 이런 노동방식은 새로운 사회의 기초를 이루게 될 것입니다.

또한 자본 그 자체도 주식회사나 신용제도의 발달에 따라 개인의 자본이 아니라 '사회의 자본'이라는 성격을 더욱더 띠게 됩니다. 이것을 흔히들 '자본의 사회화'라고도 하지만 '사회적으로 된 자본'이라고 말하면 뜻이 더욱 분명하게 될 것입니다. 더욱이 노동자들은 과학기술의 끊임없는 도입과 생산방법의 발전으로 말미암아 '전면적으로 발달한' 개인으로 성장하지 않으면 취업할 기회조차 잃게 되기 때문에, 노동자계급의 능력은 점점 더 개발됨으로써 새로운 사회의 주체가 될 수 있는 자격을 갖추게 됩니다. 그리고 노동자계급은 수가 증가하고 공장과 사업체에서 항상 공통의 고통을 나누기 때문에 단결하게 되어 자본주의 사회를 타도하는 선봉

이 될 수 있습니다.

다른 한편으로 소수의 대자본가에 의한 자본의 독점은 생산의 무정부성, 주기적 공황의 발발, 인적 자원과 물적 자원의 거대한 낭비 등으로 자본주의적 생산방식의 질곡으로 됩니다. 더욱이 임금노동자들이 공장과 기계와 토지를 공동으로 '점유'하여 생산을 매우 능률적으로 담당하고 있으며, 주식회사의 발달과 협동조합적 공장의 발달로 무위도식하는 자본가계급의 사회적 존재 의의가 점점 더 사라지기 때문에, "자본주의적 사적 소유의 조종knell"이 울릴 지점에 도달하게 됩니다.

둘째 단계는 자본주의 사회와 새로운 사회 사이의 '혁명적 전환의 시기'입니다. 흔히들 말하는 '진정한' 의미의 과도기 또는 이행기입니다. 이 단계에서 자본주의 사회의 모순들이 폭발하고 계급투쟁이 격화하여, 중소자본을 수탈하여 자본을 독점하게 된 소수의 대자본가로부터 혁명세력이 사적 소유를 빼앗게 됩니다. 이것이 '수탈자의 수탈expropriation of the expropriators'이라는 용어입니다. 이 혁명적 전환의 임무를 담당하는 '국가'가 이른바 '프롤레타리아트의 혁명적 독재'입니다(『고타 강령 초안 비판』, 『저작선집』 4: 385; CW 24: 95). 이 '국가'는 사실상 노동하는 개인들이 단결하여 자발적·목적의식적으로 결성한 연합들associations로 구성될 것이고, 이 연합이 생산수단을 자기의 것으로 공동으로 사용하면서 전국적 규모에서 계획적 생산을 도모함으로써, 자기의 노동력을 팔아 임금을 얻어야만 살 수 있는 '임금노동'을 폐지하게 될 것입니다. 임금노동의 폐지는 임금노동자의 착취에 골몰하던 자본가계급의 사멸을 의미하므로, 임금노동자의 해방은 동시에 자본가계급의 해방을 의미하며, 이리하여 모든 개인이 자유롭고 평등한 개인으로 다시 태어나게 될 것입니다. 이런 '자유로운 개인들의 연합association of free individuals'이 결국 새로운 사회 그 자체를 구성하여, '계급 독재의 정치적 수단'으로서의 국가를 완전히 대체하게 될 것입니다.

셋째 단계에서 비로소 새로운 사회가 형성됩니다. 그런데 마르크스는 「고타 강령 초안 비판」에서 새로운 사회가 자기 발로 서기 위해서는, 과도기를 지난 뒤 다시 새로운 사회의 제1단계를 거쳐야 한다고 말하고 있습니다. 제1단계는 "자본주의 사회의 모반이 아직도 모든 면에서 경제적·도덕적·정신적으로 남아 있는" 단계이므로, 여기에서는 '능력에 따라 일하고 노동에 따라 분배하는' 원칙에 의해 노동의 소외가 약화되고 노동이 희생이 아니라 즐거움으로 전환되게 해야 할 것입니다. 더욱이 새로운 사회의 '보다 높은' 단계에서는 분업이 사라지고 육체노동과 정신노동의 대립이 사라져 노동의 소외가 완전히 극복되며, 노동이 생명의 1차적 욕구가 되고 개인의 전면적 발달로 생산력이 크게 증대하므로, "각자는 능력에 따라 일하고, 각자에게는 필요나 욕구에 따라 분배"하는 깃발이 휘날리게 된다는 것입니다. 결국 새로운 사회는 '보다 높은' 단계에서 비로소 자기 자신의 발로 서게 되며 여기에서 인류의 새 역사가 시작될 것입니다.

2-4
새로운 사회의 명칭

마르크스는 『공산당 선언』, 『정치경제학 비판 요강』, 『자본론』, 「고타 강령 초안 비판」 등에서 자본주의 이후의 새로운 사회의 명칭으로 '공산주의communism'와 '어소시에이션association'을 가장 많이 사용한 것 같습니다. 그러나 자본주의 사회의 태내에서 발견하는 새로운 사회를 그는 특히 어소시에이션이라고 불렀습니다. 이 단어는 마르크스가 새로 만든 것이 아니라 어떤 자발적 연합이나 조직결사를 부를 때 흔히 쓰는 단어이었습니다. 마르크스는 『자본론』에서도 'combined workers'와 'associated workers'를 구별했는데, 전자는 노동자들이 자본의 힘에 의해 수동적으로 무의식적으로 '결합된' 노동자들을 가리키고, 후자는 능동적으로 의식적으로 '연합한' 노동자들을 가리킵니다. 이리하여 새로운 사회는 자유로운 노동하는 개인들이 자발적으로 목적의식적으로 연합한 사회라는 것을 강조하기 위해 마르크스는 어소시에이션을 공산주의보다 더욱 선호한 것 같습니다. 이 어소시에이션과 직접 연결되는 생산양식을 '연합한 노동의 생산양식mode of production of associated labour' 또는 이것을 줄여 '연합한 생산양식associated mode of production'이라고 불렀습니다. 따라서 저는 마르크스가 새로운 사회로 부른 어소시에이션을 '자유로운 개인들의 연합'이라고 번역하고 '자개연'이라고 줄여 말할 것입니다. 다음은 마르크스의 이야기입니다.

> 공동의 생산수단으로 일하며 다양한 개인들의 노동력을 하나의 사회적 노동력으로 의식적으로 사용하는 자유로운 개인들의 연합association of free individuals을 생각해보기로 하자. …… 자유인들의 연합의 총생산물은 사회적 생산물이다. 이 생산물의 일부는 또다시 생산수단으로 쓰이기 위해 사회에 남는다. 그러나 다른 일부는 연합의 구성원들에 의해 생활수단으로 소비된다(1상: 100; CW 35: 89).

'사회주의socialism'라는 용어를 마르크스는 드물게 사용했는데, 엥겔스는 마르크스와의 공저인 『공산당 선언』의 1888년 영어판 서문에서 왜 자기들이 '사회주의자 선언'이라고 이름 붙이지 않았는지를 다음과 같이 설명했습니다. 아마 이 이유 때문에 마르크스가 '사회주의'라는 용어를 잘 사용하지 않은 것이 아닌가 추측합니다.*

『공산당 선언』을 쓸 당시[1847년]에 우리는 그것을 사회주의자 선언이라고 이름붙일 수 없었다. 1847년에 사회주의자들이라고 하면, 한편으로는 다양한 공상적 제도의 추종자들, 즉 이미 점차 사멸해가는 종파들로 오그라들고 있던 영국의 오언주의자들, 프랑스의 푸리에주의자들을 의미했고, 다른 한편으로는 잡다한 졸서들을 통해 자본과 이윤에 어떤 위험도 주지 않고 사회적 폐해들을 제거하겠노라고 약속하는 잡다하기 그지없는 사회적 돌팔이 의사들을 의미했다. 두 경우 모두에서 사회주의자들이란 노동자 운동의 바깥에 서 있으면서 오히려 '교양 있는' 계급의 후원을 얻으려는 사람들이었다. 노동자 중에서 단순한 정치적 변혁의 불충분함을 깨닫고 사회의 총체적 개조의 필요성을 요구했던 바로 그런 부분은 그 당시 자신을 공산주의자라고 불렀다. 그러나 그것은 아직 거칠고, 다듬어지지 않은, 순전히 본능적 종류의 공산주의였다. 그렇지만 이 공산주의는 중요한 지점을 포착하고 있었고, 노동자들 안에서 매우 강력하여 프랑스에서는 카베Etienne Cabet(1788~1856)의, 독일에서는 바이틀링Wilhelm Weitling(1808~1871)의 유토피아적 공산주의를 만들어낼 정도였다. 이처럼 1847년에 사회주의는 중간계급의 운동이었고 공산주의는 노동자계급의 운동이었다. 사회주의는 적어도 대륙에서는 '상류사회적'이었고, 공산주의는 바로 그 반대의 것이었다. 그리고 우리는 처음부터 "노동자계급의 해방은 노동자계급 자신의 사

* 엥겔스는 그 뒤 '사회주의'라는 용어를 1878년의 『안티뒤링Anti-Düring』에서 썼고, 더 나아가 『안티뒤링』의 제3편 '사회주의'를 '독립적인 대중적 저술'로 개작한 『유토피아에서 과학으로의 사회주의의 발전』(1880년 발간)에서도 사용했습니다.

업이어야 한다"는 견해를 가졌기 때문에, 두 명칭 중 어떤 것을 선택해야 할 것인가에 대해서는 의문의 여지가 없었다(『저작선집』1: 379~380; CW26: 516~517).

이 인용문을 보면, 마르크스와 엥겔스는 공산주의와 사회주의를 내용상 상이하다고 보지 않았으며, "두 명칭 중 어느 것을 선택해야 할 것인가" 하는 문제로 보았습니다. 그런데 1917년 4월에 레닌은 마르크스가 「고타 강령 초안 비판」(1875년)에서 말한 '제1단계의 공산주의'를 '사회주의'라고 부르고, '보다 높은 단계의 공산주의'를 '공산주의'로 불렀습니다.* 이런 구분에 따라 스탈린은 1936년에 소련Union of Soviet Socialist Republics**이 새로운 사회로의 이행기를 거쳐 새로운 사회의 제1단계인 사회주의 사회에 '진입'했다고 선언한 것입니다.

저는 용어의 혼란을 피하면서 마르크스의 논의를 충실하게 따라가기 위해, 새로운 사회를 기본적으로 '자유로운 개인들의 연합(자개연)'이라고 부르고, 마르크스가 사용한 '공산주의'와 '사회주의'를 '자개연'과 동의어로 사용할 것입니다. 그리고 자본주의 사회에서 자개연으로 가는 과도기는 '진정한 과도기 또는 이행기'로 부를 것입니다.

---

* 『국가와 혁명』. *Lenin Selected Work* 2: 60.
** 1917년의 볼셰비키 혁명이 내전에서 승리한 뒤, 러시아 소비에트연방 사회주의공화국Russian Soviet Federative Socialist Republic이 중심이 되어 코카서스 소비에트연방 사회주의공화국, 우크라이나 소비에트 사회주의공화국, 벨라루스 소비에트 사회주의공화국과 함께 소비에트 사회주의공화국연방Soviet Union(즉 소련)을 1922년 12월 30일 창립했습니다. 이 소련의 명칭에 '사회주의'가 들어간 것은 사회주의를 목표로 한다는 것을 표시하기 위한 것이었습니다.

2-5
'자유로운 개인들의 연합(자개연)'의 특징들

진정한 과도기를 거치고 자개연이 형성되어, 제1단계와 제2단계를 지나서 자기 발로 서게 된 '자개연'이 자본주의 사회와 무엇이 다를까요? 가장 특징적인 것을 몇 가지 지적하는 것으로 여기에서는 마치고 나중에 더욱 자세하게 논의하겠습니다.

첫째로 노동하는 개인들은 자기가 사용하는 생산수단을 자기의 것으로 상대하며 남을 위해 노동하는 것이 아니라 자기 자신을 위해 노동하게 됩니다. 노동과 생산수단이 결합·통일되어 있기 때문에, 노동의 소외가 일어나지 않고 노동을 즐기게 됩니다.

> 임금노동은 노예노동이나 농노노동과 마찬가지로 일시적이고 저급한 형태의 노동에 지나지 않으며, 자발적 손과 임기응변적 정신과 즐거운 마음으로 자기 일을 부지런히 하는 연합한 노동 앞에서 사라질 운명에 있다(『국제노동자협회 창립선언』(1864). 『저작선집』 3: 11; CW 20: 11).

둘째로 자개연은 모든 노동조건(토지·공장·기계·원료 등 생산수단과 식량·가구 등 생활수단)과 다양한 개인들의 노동력을 하나의 사회적 생산력으로 계획적으로 사용합니다.

> 사회적으로 된 인간, 연합한 생산자들이 자연과의 신진대사를 합리적으로 규제함으로써, 그 신진대사가 맹목적인 힘으로서 인간 자신을 지배하는 것이 아니라 그들이 그 신진대사를 공동의 제어 아래에 두는 것, 그리하여 최

소의 노력으로 그리고 인간성에 가장 알맞고 적합한 조건 아래에서 그 신진
대사를 수행하는 것이다(3하: 998; CW 37: 807).

셋째로 자개연에서는 노동하는 개인들이 사회의 계획에 따라 직접적
으로 주민 전체의 필요와 욕구를 충족하기 위해 노동하기 때문에, 모든
노동이 처음부터 '사회적' 노동입니다. 자본주의에서는 '사적 노동'의 생
산물이 시장에서 팔려야 사적 노동이 사후적으로 사회적 노동으로 승인
받기 때문에, 무정부적 생산과 과잉생산이 불가피합니다.

만약 통합한 협동조합적 조직들이 하나의 공동 계획에 의거해 전국의 생산
을 조정하고 이리하여 그것을 자기 자신의 제어 아래 둠으로써 자본주의적
생산의 숙명인 끊임없는 무정부상태와 주기적 경기변동에 종지부를 찍는
다면, 여러분 바로 이것이 공산주의, '가능한' 공산주의가 아니고 무엇인
가?(『프랑스의 내전』. CW 22: 335).

넷째로 자개연에서는 상품과 화폐와 자본이 사라집니다. 공동으로 생
산하는 재화와 서비스를 일정한 기준에 따라 자개연이 분배하게 되면, 이
생산물은 상품이 될 수 없고 따라서 상품의 가치를 대변하는 화폐도 필요
없게 되며, 노동하는 개인을 가치증식을 위해 착취하는 자본도 폐기됩니
다. 이리하여 물신숭배fetishism도 사라집니다. 그러므로 '시장사회주의'나
'사회주의적 시장경제'는 자개연으로 나아가는 진정한 이행기를 묘사할
때는 타당할지 모르지만, 자개연 그 자체에 관해서는 완전히 형용모순이
될 뿐입니다.

다섯째로 노동하는 개인들이 자본의 쇠사슬로부터 해방되고, 착취의

대상을 잃은 자본가들은 보통의 인간이 되지 않을 수 없기 때문에, 자개연에서는 모든 개인들이 해방되어 자유롭고 평등하게 됩니다. 개인들이 상대방과 자연을 유적 존재인 인류의 입장에서 상대하기 때문에, 계급억압기구로서의 국가는 소멸하게 됩니다.

진정한 의미의 정치권력은 다른 계급을 억압하기 위해 한 계급이 조직한 힘이다. 프롤레타리아트는 부르주아지와의 투쟁 중에 필연적으로 계급으로 결합하고, 혁명에 의해 스스로 지배계급이 되어 지배계급으로서 힘에 의해 낡은 생산관계들을 폐지하면, 프롤레타리아트는 이런 낡은 생산관계들과 아울러 계급대립·계급일반의 존재조건들을 폐지하며, 이리하여 또 계급으로서의 자기 자신의 지배도 폐지하게 된다. 계급들과 계급대립을 가진 낡은 부르주아 사회 대신에 각인各人의 자유로운 발달이 만인의 자유로운 발달의 조건이 되는 연합이 나타나게 된다(『공산당 선언』. 『저작선집』 1: 420~421; CW 6: 505~506).

여섯째로 자개연은 인간 능력의 최대한의 발달 그 자체를 목적으로 삼기 때문에, 개인의 개성을 개발하여 "각인의 자유로운 발달이 만인의 자유로운 발달의 조건"이 되게 합니다. 그리고 과학기술 그 자체가 개인과 인류의 잠재적 능력을 최대한 개발하는 것에 도움을 주게 됩니다. 이리하여 자개연의 사회적 생산력은 크게 향상됩니다.

기계 그 자체는 노동시간을 단축시키지만 자본주의적으로 사용되면 노동시간을 연장시키며, 기계 그 자체는 노동을 경감시키지만 자본주의적으로 사용되면 노동강도를 높이며, 기계 그 자체는 자연력에 대한 인간의 승리이지만 자본주의적으로 사용되면 인간을 자연력의 노예로 만들며, 기계 그 자체는 생산자의 부를 증대시키지만 자본주의적으로 사용되면 생산자를 빈민으로 만든다(1하: 592~593; CW 35: 444).

생산과 부의 주춧돌로 나타나는 것은, 인간 자신이 행하는 직접적 노동이나 그의 노동시간이 아니라, 그가 사회적 존재인 덕택으로 가능하게 된 그 자신의 일반적 생산력의 취득, 자연에 대한 자기의 이해와 자연의 제어, 한마디로 말해 사회적 개인의 발달이다(『정치경제학 비판 요강』. CW 29: 91).

＊＊＊ 더 읽 을 거 리 & 토 론 거 리

⊃ 별책 『마르크스의 저작 인용 영한대역본』에 있는 『정치경제학 비판을 위하여』의 '서문'을 모두 읽어보세요. 마르크스가 얼마나 열심히 연구하였는가, 어떤 경로를 거쳐 『자본론』을 쓰게 되었는가를 알 수 있습니다.

⊃ 마르크스가 29세, 엥겔스가 27세에 함께 쓴 『공산당 선언』은 불후의 명작입니다. 『저작선집』 제1권 399~433쪽에 있는데 '공산주의자 연맹'의 35쪽밖에 안 되는 '선언문'입니다. "하나의 유령이 유럽을 배회하고 있다. 공산주의라는 유령이."로 시작하여 "만국의 프롤레타리아여, 단결하라!"로 끝을 맺고 있습니다. 내용은 자본주의 체제는 100년도 채 못 되는 시간에 과거의 모든 역사적 체제를 합한 것보다 더 거대한 생산력을 창조했다는 점을 자세히 찬양한 뒤에 이제는 다른 체제로 넘어갈 때가 되었다는 사실을 강조합니다. 그리고 자본주의 체제를 타도하려는 사상들을 비판적으로 검토하고 있습니다. '별책에 모은 주요한 단락을 한번 읽어보세요.

'임금노동자'와 '노동하는 개인'의 차이는 전자는 '노동할 수 있는 육체적·정신적 능력'인 노동력을 팔아야 먹고살 수 있는 노동자이고, 후자는 자기의 노동을 통해 사회를 지탱하고 발전시키는 인간을 가리킵니다. 그런데 자본주의 이후의 새로운 사회를 '자유로운 개인들의 연합'이라고 부르지만, 이 새로운 사회에서는 모든 개인이 '능력에 따라 일하는 것'이 하나의 사회적 의무이면서 생명의 일차적 욕구이므로, '자유로운 개인들'은 '노동하는 개인들'과 동일한 인간입니다.

자본주의 사회가 '자유로운 개인들의 연합(자개연)'을 낳는 사회혁명은 다음과 같은 순서로 진행될 것입니다. 먼저 자본주의 사회 내부에서 자개연에 적합한 생산관계가 발생하기 시작하고, 다음에 '정치혁명'에 의해 자본주의적 생산관계에 대응하던 상부구조가 바뀌어 자개연의 생산관계에 대응하는 새로운 상부구조가 수립되며, 마지막으로 이 상부구조하에서 '경제혁명'을 이룩하여 자개연의 생산관계가 급속히 확대되어 지배적으로 되는 과정입니다.

따라서 이 장에서는 자본주의 아래에서 어떻게 자본주의 사회를 타도하는 주체가 형성되는가, 자개연의 구성 요소들이 어떻게 자본주의 사회에서 성장하는가, 그리고 자개연을 낳는 자본주의의 모순들은 어떤 것인가 등을 이야기할 것입니다.

제 3 장

자본주의 사회가 잉태한 '자개연'

3-1
자본주의 사회를 타도하는 주체의 형성

마르크스는 새로운 사회의 탄생을 낡은 사회가 태아를 출산하는 것으로 파악했습니다. 여기에서 자본주의 사회가 잉태한 자개연이 일정한 시간 동안 성장하여 출산에 가까워질 때, 출산의 진통을 단축시키거나 경감하고 모체에게 힘을 주게 하여 애기를 낳게 하는 것은 사회혁명의 주체인 노동자들입니다. 구체적으로 말하면, 자본주의적 생산양식의 내부에서 자본주의적 생산양식을 부정하고, 자유롭고 평등한 연합을 건설하려고 투쟁하는 노동자들의 목적의식적 행동 그것이 자본주의 사회라는 모체에게 출산 중 힘을 주게 하여 자개연을 낳게 할 것입니다.

　이 주체의 형성에서 가장 중요한 것은 노동자들이 자본주의가 어떤 사회인가를 정확히 파악하는 것입니다. 『자본론』 제1권 제8편* '이른바 시초축적'에서 자세히 분석한 바와 같이, 봉건사회로부터 자본주의 사회로의 이행기에 노동하는 개인들이 노동조건들(노동도구·노동대상 등 생산수단과 의식주에 필요한 생활수단)을 빼앗겼기 때문에, 다시 말해 노동하는 개인들이 노동조건들로부터 완전히 '분리'되었기 때문에, 그들은 '절대적 궁핍'(『정치경제학비판 요강』. CW 28: 222;『1861~1864년 초고』. CW 30: 39, 171)에 빠지게 되었습니다. 이리하여 노동하는 개인들은 자기의 정신적·육체적 힘인 '노동력'을 자본가에게 팔아 임금을 얻어야만 살아갈 수 있게 되었으므로, 노동이 '임금노동'이라는 역사적으로 '과도적' 형태를 취하고 임금노동자는 '임금노예'가 된 것입니다.

노동이 임금노동의 형태를 취함으로써 다음과 같은 현상이 나타났습니다. 첫째로 자본가가 노동자의 노동력을 구매하는 노동시장이라는 '표층'에서는 자본가와 임금노동자 사이에 '자유·평등·소유와 공리주의'가 지배하고 있습니다. 마르크스는 다음과 같이 말합니다.

노동력의 매개가 진행되는 유통분야 또는 상품교환분야는 사실상 천부인권의 참다운 낙원이다. 여기에서 지배하고 있는 것은 오로지 자유·평등·소유·벤담Bentham[공리주의]이다. 자유! 왜냐하면 하나의 상품, 예컨대 노동력의 구매자와 판매자는 자기들의 자유의지에 의해서만 행동하기 때문이다. 그들은 법적으로 대등한 자유로운 인격으로 계약을 체결한다. 계약이라는 것은 그들의 공동의지에 법적 표현을 주는 형식일 뿐이다. 평등! 왜냐하면 그들은 오직 상품소유자로서만 서로 관계하며 등가물을 등가물과 교환하기 때문이다. 소유! 왜냐하면 각자는 자기의 것만을 마음대로 처분하기 때문이다. 벤담! 왜냐하면 각자는 자기 자신의 이익에만 관심을 기울

● 프랑스어판과 영어판. 독일어판은 제7편 제24장입니다.

이기 때문이다. 그들을 연결시켜 서로 관계를 맺게 하는 유일한 힘은 각자의 이기주의·이득·사적 이익뿐이다. 각자는 오직 자기 자신에 대해서만 생각하고 타인에 대해서는 관심을 기울이지 않는다. 바로 그렇게 하기 때문에 그들은 모두 사물의 예정조화에 따라 또는 전지전능한 신의 섭리에 따라 그들 상호 간의 이익·공익·전체의 이익이 되는 일을 수행하는 것이다 (1상: 230~231; CW 35: 186).

그러나 자본가가 노동자의 노동력을 사용·소비하는 생산과정이라는 '심층'에서는 자본가가 자본의 가치증식을 위해 노동자에게 임금의 가치에 해당하는 '필요노동'을 초과하는 노동을 시켜 이 '잉여노동'을 착취합니다. 더욱이 자본 그것이 어떻게 생산되는가를 문제로 삼는 자본의 재생산과 축적을 고찰하면, 자본가의 자본은 결국 노동자로부터 착취한 잉여노동 또는 잉여가치가 적립된 것에 지나지 않는다는 것을 알게 됩니다. 따라서 노동시장에서 자본가가 노동자의 노동력을 구매하면서 지급하는 화폐는, 자본가의 노동에 의해 소유하게 된 것이 아니라 노동자의 잉여노동이 응고된 것이므로, 표층에서 보이는 자유·평등·소유·공리주의라는 상호관계는 전혀 거짓이라는 것이 드러나게 됩니다. 마르크스는 자본가를 '흡혈귀'에 비유하고 있습니다.

자본가는 오직 인격화한 자본에 지나지 않는다. 그의 혼은 자본의 혼이다. 그런데 자본에게는 단 하나의 충동이 있을 뿐이다. 즉 자신의 가치를 증식시키고, 잉여가치를 창조하며, 자기의 불변부분인 생산수단으로 하여금 가능한 한 많은 양의 잉여노동을 흡수하게 하려는 충동이 그것이다. 자본은 죽은 노동[주어진 일정한 가치]인데, 이 죽은 노동은 흡혈귀vampire처럼 오직 살아 있는 노동을 흡수함으로써만 활기를 띠며, 그리고 그것을 많이 흡수하면 할수록 점점 더 활기를 띤다(1상: 307; CW 35: 241).

결국 자본주의 사회 그것이 이 사회를 타도하려는 주체들을 만들어냅니다. 자본주의적 생산이 일단 일정한 성숙단계에 도달하면, "개별노동자, 즉 자기 노동력의 '자유로운' 판매자로서의 노동자는 자본에게 아무런 저항도 하지 못하고 굴복하기 때문에"(1상: 402), 노동자들은 "자기를 괴롭히는 뱀으로부터 자기 자신을 '방어'하기 위해"(1상: 406), 노동자들의 결사인 노동조합을 만들어 자본에 대항하게 됩니다. 마르크스는 다음과 같이 자본주의 사회의 붕괴를 예측합니다.

부르주아지가 싫든 좋든 촉진하지 않을 수 없는 산업의 진보는, 경쟁에 의한 노동자들의 고립화 대신 결사association에 의한 그들의 혁명적 단결을 가져온다. 이리하여 대공업이 발전함에 따라 부르주아지가 생산물을 생산하여 취득하는 토대 그 자체가 부르주아지의 발밑에서 무너진다. 다시 말해 부르주아지는 무엇보다도 자기 자신의 무덤을 파는 사람을 만들어낸다. 부르주아지의 멸망과 프롤레타리아트의 승리는 어느 것도 피할 수 없다. …… 오늘날 부르주아지와 대립하고 있는 모든 계급 중 오직 프롤레타리아트만이 참으로 혁명적 계급이다. 다른 계급들은 대공업의 발전과 더불어 몰락하여 멸망하지만, 프롤레타리아트는 대공업의 가장 고유한 산물이다. 하층 중간계급들, 즉 소규모 공장주·소상인·수공업자·농민은 모두 중간계급으로 살아남기 위해 부르주아지와 투쟁한다. 따라서 그들은 혁명적이지 않고 보수적이다. 더욱이 그들은 반동적이다. 왜냐하면 그들은 역사의 바퀴를 뒤로 돌리려 하기 때문이다(『공산당 선언』. 『저작선집』 1: 412,

410; CW 6: 496, 494).

둘째로 노동자들은 자본의 인격화인 자본가의 지휘·감독 아래에서 타인인 자본가를 위해 노동하지 않으면 안 됩니다. 더욱이 협업에서는 결합된combined 노동자들이 창조하는 '사회적 노동의 생산력'은 '자본의 생산력'으로 자본가가 독차지하게 됩니다. 마르크스는 다음과 같이 말합니다.

노동자는 자기 노동력의 판매를 위해 자본가와 흥정을 끝낼 때까지는 자기 노동력의 소유자이며, 그는 오직 자기가 소유하고 있는 것, 즉 자기의 개인적이고 고립된 노동력만을 판매할 수 있다. …… 서로 독립한 인격으로서 노동자들은 제각각인 사람들이며, 그들은 자본가와 관계를 맺지만 자기들 서로 간에는 아무런 관계도 맺지 않는다. 그들의 협업은 노동과정에서 비로소 시작되는데, 그때에는 이미 노동자들은 자기 자신에 속하지 않는다. 왜냐하면 노동과정에 들어가자마자 그들은 자본에 편입되어버리기 때문이다. 협업하는 사람으로서, 또는 하나의 활동하는 유기체의 구성원으로서, 노동자들은 자본의 특수한 존재양식에 지나지 않는다. 그러므로 노동자가 협업에서 발휘하는 생산력은 자본의 생산력이다. 노동의 사회적 생산력은 노동자들이 일정한 조건하에 놓일 때는 언제나 무상으로 발휘되며, 그리고 자본은 노동자들을 바로 이런 조건하에 놓는다. 노동의 사회적 생산력은 자본에게는 아무런 비용도 들지 않는 것이고, 또 노동자의 노동이 자본에 속하기 전에는 노동자 자신에 의해 발휘되지 못하기 때문에, 노동의 사회적 생산력은 자본이 본래부터 가지고 있는 생산력으로, 자본에 내재하는 생산력으로 나타난다(1상: 450~451; CW 35: 338).

결국 임금노동이라는 형태 아래에서는 노동은 '소외된 노동alienated labour'이라는 역사적으로 독자적인 형태를 취하게 됩니다. 좀 더 길게 설명하면, 자본주의 사회에서는 노동자들의 노동 그 자체는 타인인 자본가를 위한 노동, 자본가에 의해 강제된 노동, 자기를 괴롭히는 노동, 따라서 '하지 않아도 좋다면 하고 싶지 않은 노동'으로 되어버립니다. 노동자들 '자신'의 생산물이 자기의 외부에 있는 자립한 세력 — 즉 상품·화폐·자본 — 으로서 자기와 대립하고 있는 것입니다. 이런 '노동의 소외'가 생기는 것은 노동자들이 생산수단이나 생활수단으로부터 완전히 분리되어 '절대적 빈궁'에 빠져 있기 때문입니다. 그런데 사회의 존속에 불가결한 노동의 주체가 이런 상태에 있다는 것은 명확히 불합리하며, 따라서 이런 상태는 자유로운 개인들의 연합(자개연)으로 가는 '필연적 통과점'이 될 수밖에 없습니다.

셋째로 자본은 상대적 잉여가치를 생산하기 위해 노동생산력을 증가시키려고 기계화·자동화·정보화를 확대하고 있습니다.* 이에 따라 일정한 규모의 자본이 가치증식에 필요로 하는 노동자의 수는 감소하게 됩니다. 이 결과로 취업자를 해고하거나 새로운 취업자를 노동인구의 증가보다 적게 고용하게 되면, 실업자 또는 '산업예비군'이 증가하고 이에 따라 현역노동자군의 노동조건이 나빠지며 사회의 최하층에 있는 구호 빈민이 증가하게 됩니다. 노동자들이 이런 상태로부터 해방되기 위해서는 자본주의적 생산양식이라는 사회형태를 폐기하지 않으면 안 될 것입니다. 마르크스는 자본축적의 일반적 경향에 관해 다음과 같이 분석하고 있습니다.

● 김수행(2008: 32~42)을 읽으면 자본가가 어떻게 잉여가치(또는 이윤)를 얻는가를 잘 알 수 있습니다.

[『자본론』 제1권] 제4편에서 상대적 잉여가치의 생산을 분석할 때 본 바와 같이, 자본주의 체제 안에서는 노동의 사회적 생산력을 향상시키기 위한 모든 방법은 개별 노동자의 희생 위에서 이루어진다. 생산을 발전시키는 모든 수단들은 생산자를 지배하고 착취하는 수단으로 전환되고, 노동자를 부분인간으로 불구화하며, 노동자를 기계의 부속물로 떨어뜨리고, 그의 노동의 멋있는 내용을 파괴함으로써 노동을 혐오스러운 고통으로 전환시키며, 과학이 독립적인 힘으로 노동과정에 도입되는 정도에 비례해 노동과정의 지적 잠재력을 노동자로부터 소외시킨다. 또한 노동생산력을 향상시키는 모든 방법과 수단은 노동자의 노동조건을 악화시키며, 노동과정에서 비열하기 때문에 더욱 혐오스러운 자본의 독재에 노동자를 굴복시키고, 노동자의 전체 생활시간을 노동시간으로 전환시키며, 그의 처자를 자본이라는 자거노트Juggernaut의 수레바퀴[크리슈나 신상인 자거노트를 실은 수레에 치여 죽으면 극락에 간다고 한다] 밑으로 [자본을 위해 희생시키려고] 질질 끌고 간다. 그런데 잉여가치를 생산하는 모든 방법은 동시에 축적의 방법이며, 그리고 축적의 모든 확대는 다시 이 방법을 발전시키는 수단으로 된다. 따라서 자본이 축적됨에 따라 노동자의 상태는, 그가 받는 임금이 많든 적든, 악화되지 않을 수 없다는 결론이 나온다. 끝으로, 상대적 과잉인구 또는 산업예비군을 언제나 축적의 규모와 활력에 알맞도록 유지한다는 법칙은, 헤파이스토스[불火과 대장일의 신]의 쐐기가 프로메테우스를 바위에 결박시킨 것보다 더 단단하게 노동자를 자본에 결박시킨다. 이 법칙은 자본의 축적에 대응하는 빈곤의 축적을 필연적인 것으로 만든다. 따라서 한쪽 끝의 부의 축적은 동시에 반대쪽 끝, 즉 자기 자신의 생산물을 자본으로 생산하는 노동자계급 측의 빈곤·노동의 고통·노예상태·무지·잔인·도덕적 타락의 축적이다(1하: 880~ 881; CW 35: 638~640).

결국 자본주의 사회 아래에서 노동자들의 비인간적 상태와 궁핍의 근원은 '노동의 소외'이고, 이것을 제거하기 위해서는 노동자들이 연합하여 '수탈자를 수탈함으로써'* 자기의 노동조건들을 돌려받아야 합니다. 자본주의 사회 뒤에 나타날 사회가 자유로운 개인들의 연합(자개연)인 이유가 여기에 있습니다.

3-2
자개연의 구성 요소들의 성장

자본주의적 생산양식은 그 발전과정에서 개인적 '사적' 노동에 대립하는 '사회적' 노동과, 개인적 사적 생산에 대립하는 '사회적' 생산을 여러 가지 형태로 발전시킵니다. 진정한 자본주의적 생산방법의 '기본형태'(1상: 454)인 '협업cooperation'은 다수의 노동자의 계획적 협동, 즉 공동 작업을 통해 사회적 노동과 사회적 생산을 낳습니다. 협업의 발전한 형태인 기계제 대공업은 기계 그 자체의 대규모성과 상호연관성 때문에 공동작업과 사회적 노동 및 사회적 생산은 꼭 필요합니다. 더욱이 자본들의 경쟁, 신용과 은행제도 그리고 주식회사는 자본의 집중을 크게 촉진함으로써, 사회적 노동과 사회적 생산을 비약적으로 발전시켜 자본주의적 생산양식의 테두리 안에서 사적 노동과 사적 생산을 '잠재적으로' 부정하게 됩니다.

• 마르크스는 '수탈자의 수탈'을 다음과 같이 설명합니다. 노동하는 개인들(예: 농민들)로부터 자기의 노동조건들을 빼앗아(즉 수탈하여) 그 개인들을 임금노동자로 전환시킨 것에서 자본주의가 시작하고, 그 뒤에는 소수의 대자본이 다수의 소자본을 수탈하여 노동조건들을 독점하게 되었다가, 나중에는 연합한 노동자들이 대자본을 수탈함으로써, 다시 말해 '수탈자를 수탈함으로써' 자개연이 성립하게 된다는 것입니다.

주식을 발행하여 사회의 각계각층의 자본을 모아서 설립되는 주식회사, 그리고 자본의 소유와 경영이 분리되어 월급쟁이 전문경영인이 경영을 담당하는 주식회사에 대해 마르크스는 다음과 같이 말합니다.

[주식회사에서] 자본은, 이제 사적 자본과 구별되는 사회적 자본(직접적으로 연합한 개인들의 자본)의 형태를 직접적으로 취하며, 이런 자본의 기업은 사적 기업과는 구별되는 사회적 기업의 형태를 취한다. 이것은 자본주의적 생산양식 그것의 테두리 안에서 사적 소유로서의 자본을 철폐하는 것이다. …… 현실의 기능자본가는 단순한 경영자, 타인 자본의 관리자로 전환하며, 자본소유자는 단순한 소유자, 단순한 화폐자본가로 전환한다. …… 주식회사에서 기능은 자본소유와 분리되고, 그리하여 [기능자본가를 대신한 경영자의] 노동도 생산수단과 잉여노동의 소유와 완전히 분리된다. 자본주의적 생산의 최고의 발전이 낳는 이런 결과는 자본을 생산자들의 소유 — 그러나 이제는 개별생산자들의 사적 소유가 아니라, 연합한 생산자들associated producers의 소유 또는 직접적 사회소유 — 로 재전환하기 위한 필연적 통과점이다. 다른 한편으로 주식회사는 재생산과정에서 아직도 자본소유와 결부되어 있는 모든 기능들을 연합한 생산자들의 단순한 기능으로, 사회적 기능으로 전환하기 위한 통과점이다. …… 주식회사는 자본주의적 생산양식 그것 안에서 자본주의적 생산양식을 지양하는 것이며, 따라서 자기 자신을 지양하는 모순인데, 이 모순은 새로운 생산형태로 가는 단순한 이행국면을 명백히 상징한다(3상: 541~544; CW 37: 434~436).

그리고 신용제도의 발달에 따라 주식회사뿐 아니라 노동자들에 의한 협동조합 공장도 나타나게 되는데, 협동조합 공장에서는 자본가와 노동자의 구별이 사라지게 됩니다.

> 자본주의적 주식회사도 협동조합 공장과 마찬가지로 자본주의적 생산양식
> 으로부터 연합한 생산양식으로 가는 이행형태로 간주되어야 하는데, 다만
> 주식회사에서는 자본과 노동 사이의 대립이 소극적으로 철폐되고, 협동조
> 합 공장에서는 적극적으로 철폐되고 있다는 점이 다를 뿐이다(3상: 546~
> 547; CW 37: 438).

주식회사에서는 노자대립이 '소극적으로' 철폐되고 협동조합 공장에서
는 '적극적으로' 철폐되어 있다고 말하는 이유는, 주식회사가 본질적으로
연합한 자본가이고 임금노동의 존재를 전제하는 자본형태이므로 노동의
임금노동 형태가 소멸한 뒤에는 존속할 수 없지만, 협동조합 공장은 그
내부에서는 노자관계가 없는 노동하는 개인들의 연합이므로 사회가 자개
연으로 이행해도 새로운 사회의 한 요소로 될 수 있기 때문입니다.

결국 자본주의적 생산양식의 내부에서 공동 노동인 사회적 노동과 공
동 생산인 사회적 생산이 발전한다는 것은 자개연에 적합한 노동형태와
생산형태의 전개라고 볼 수 있을 것입니다. 그러나 자본주의 사회의 사회
적 노동과 사회적 생산은 자개연의 그것과 전혀 다른 측면도 가지고 있습
니다. 자개연에서는 계획에 따라 노동하고 생산하기 때문에, 개인들의 노
동은 처음부터 사회적 욕구를 충족시키는 재화와 서비스를 생산하는 '사
회적' 노동이지만, 자본주의에서는 개인들(기업들)의 '사적' 노동으로 생산
된 상품들이 시장에서 팔려야만 그 사적 노동이 사회적 노동으로 사후적
으로 '인정'된다는 점입니다. 그리고 자개연에서는 연합한 개인들이 생산
수단을 자기의 것으로 상대하면서 공동으로 생산하지만, 자본주의에서는

노동자들이 생산수단을 타인의 것, 자본가의 것으로 상대하면서 '하기 싫은 일'을 공동으로 하고 있다는 점입니다.

그리고 주식회사가 자개연으로 가는 '필연적 통과점'이라는 마르크스의 지적은 주목할 만합니다. 주식회사에서는 소유와 경영이 분리되어, 주주가 자본을 소유하고 월급쟁이 전문경영인이 자본을 운영하고 있습니다. 주주는 아무 일도 하지 않고 주식만 만지작거리다가 회사의 이윤을 통째로 삼키는 무위도식자이기 때문에, 주주를 없애거나 주식을 무효로 하더라도 회사는 아무런 타격을 받지 않고 이전처럼 발전할 수 있다는 점입니다. 더욱이 전문경영자는 월급을 많이 받는 고급 노동자이기 때문에, 그리고 노동자들이 사실상 회사의 모든 생산수단을 점유하고 있기 때문에, 주식회사를 노동자들의 공동 소유로 전환시키는 것은 매우 쉽다는 점입니다.

3-3
자본주의적 생산양식의 모순 심화

모체가 충분히 성장한 태아를 낳으려고 할 때, 모체에게 미리 출산이 가까워지고 있다는 것을 알리는 진통이 오게 마련인데, 이 진통을 일으키는 것은 모체인 자본주의적 생산양식에 내재하는 모순의 심화입니다. 마르크스는『정치경제학 비판을 위하여』의 '서문'에서 밝힌 생산력과 생산관계 사이의 모순을『자본론』제3권에서는 다음과 같이 말합니다.

노동과정의 특수한 역사적 형태들은 각각 노동과정의 물질적 토대와 사회적 형태를 더욱 발전시킨다. 일정한 성숙단계에 도달하면, 그 일정한 역사적 형태는 버려지며 더 높은 형태에 자리를 양보한다. 이런 위기의 순간이 도래했다는 징조는, 한편에서는 분배관계와 이것에 대응하는 생산관계의 특수한 역사적 형태, 그리고 다른 한편에서는 생산력·생산성과 이것의 구성요소들의 발달, 사이에 모순·대립이 확대되고 심화된다는 점이다. 이리하여 생산의 물질적 발전과 생산의 사회적 형태 사이에 충돌이 발생한다(3하: 1072; CW 37: 870).

결국, 사회의 생산관계 또는 소유관계는 처음에는 생산력의 발전을 촉진했지만, 이 발전이 어느 단계까지 나아가면 기존 생산관계가 생산력의 발전을 제한하게 되며, 이리하여 생산력과 생산관계 사이에 모순과 대립이 생깁니다. 이 모순이 혁명사상을 낳고 이 혁명사상에 의거한 혁명운동이 마침내 사회혁명을 일으킵니다. 새롭게 탄생한 정치권력, 이리하여 새로운 법적·정치적 상부구조 아래에서, 낡은 생산관계는 새로운 높은 수준의 생산력을 포용할 수 있게끔 변혁될 것입니다.

그렇다면 자본주의적 생산양식의 모순 중 마르크스는 어느 것을 특히 강조할까요? 그는 다음과 같이 말합니다.

자본주의적 생산양식의 모순은, 이 생산양식이 생산력을 절대적으로 발전시키려는 경향을 갖고 있는데, 이 생산력의 발전은 자본이 그 안에서 운동하는 특수한 생산조건들과 끊임없이 충돌한다는 점이다(3상: 309; CW 37: 256).

사회교체의 유물사관에서 말하는 생산력과 생산관계 사이의 모순은, 자본주의적 생산양식에서는 '생산력을 절대적으로 발전시키려는 경향'과 '자본이 그 안에서 운동하는 특수한 생산관계' 사이의 모순으로서 나타난다는 것입니다. 이 모순을 심화시키는 동인은 '생산력을 절대적으로 발전시키려는 경향'인데, 이 경향은 마르크스가 '자본의 위대한 문명화 경향'이라고 부르면서 인류의 역사에서 자본주의적 생산양식이 이룩해야 할 사명이라고 지적하는 것입니다.

> 자본가는 인격화한 자본으로서만 역사적 가치와 역사적 생존권을 가지고 있다. …… 이런 한에서만 자본가 자신의 일시적 존재의 필연성은 자본주의적 생산양식의 이행필연성에 포함되는 것이다. 자본가가 인격화한 자본인 한, 그의 활동 동기는 사용가치의 획득과 향락이 아니라 교환가치의 획득과 증식이다. 그는 가치증식을 열광적으로 추구하며 인류에게 무자비하게 생산을 위한 생산을 강제한다. 이리하여 자본가는, 사회의 생산력의 발전과 또 각 개인의 완전하고도 자유로운 발달을 그 기본원칙으로 삼는, 더 높은 사회형태의 유일한 현실적 토대로 될 수 있는 물질적 생산조건의 창조에 박차를 가한다. 자본의 인격화로서만 자본가는 존경을 받는다(1하: 806; CW 35: 587~588).

따라서 자본의 본질적인 내재적 모순은, 자본이 자기의 역사적 임무를 이룩하려고 생산력을 무제한적으로 발전시키려는 경향이 자본주의적 생산관계인 자본에 의한 임금노동의 착취관계와 충돌하게 된다는 점입니다. 마르크스는 다음과 같이 쓰고 있습니다.

> 자본주의적 생산의 진정한 장벽은 자본 그것이다. 즉 자본과 자본의 자기증식이 생산의 출발점이자 종점, 동기이자 목적으로 나타난다는 점, 생산은 오직 자본을 위한 생산에 지나지 않으며, 따라서 생산수단이 생산자들의 사

회를 위해 생활과정을 끊임없이 확대하기 위한 수단이 아니라는 점에 자본주의적 생산의 진정한 장벽이 있다. 생산자 대중의 수탈과 빈곤화에 의거하는 자본가치의 유지와 증식이 운동활 수 있는 한계들은, 자본이 자기의 목적을 위해 사용하지 않을 수 없는 생산방법들, 즉 생산의 무제한적 증가, 생산을 위한 생산, 노동의 사회적 생산력의 무조건적 발전 등을 위해 돌진하는 생산방법들과는 끊임없이 충돌하게 된다. 사회적 노동의 생산력의 무조건적 발전이라는 수단은, 기존 자본의 가치증식이라는 제한된 목적과 끊임없이 충돌하게 되는 것이다(3상: 300; CW 37: 248~249).

자본의 가치증식이 자본주의적 생산의 유일한 목적이기 때문에 총자본의 가치증식률인 이윤율 ― 즉 잉여가치/총자본 ― 은 자본주의적 생산에 대한 박차입니다. 그런데 마르크스는『자본론』제3권 제3편의 '일반적 이윤율의 저하경향의 법칙'에서 다음과 같이 말했습니다. 첫째로 자본축적의 원인이고 결과인 노동의 사회적 생산력의 발전은 잉여가치를 창조하는 노동력의 고용을 기계와 원료의 사용에 비해 상대적으로 감소시키기 때문에 이윤율의 저하를 일으키는 요인이 됩니다. 둘째로 그러나 노동의 사회적 생산력의 상승은 생산수단과 생활수단을 저렴하게 하므로, 총투자자본 필요액의 감소, 잉여가치율의 증가 등을 야기하여 이윤율을 상승시키는 요인도 됩니다. 셋째로 이윤율의 저하요인과 상승요인의 대립과 충돌은 이윤율을 실제로 저하시키기도 하고 다른 여러 가지 문제점을 만들기도 하여 자본축적과정을 혼란에 빠뜨려서 때때로 공황을 야기하게 됩니다. 다시 말해 이윤율을 상승시키려고 '개별' 자본이 취하는 여러 가지 수단(예컨대 자동화, 해고, 비정규직화, 대량생산, 자본의 인수와 합병, 자본으로 기능하는 최소 규모의 증대 등)이 실업 증가, 빈곤 심화, 투기 증가, 생산의 무정부성 확대 등을 야기하여 오히려 자본축적을 저해할 수가 있으며, 이런 과정에서 때때로 공황이 발생하여 거대한 인적·물적 자원이 낭비된다는 것입니다.

마르크스는 자본주의적 생산양식에 내재하는 본질적인 모순을 다음과 같이 규정하고 있습니다.

이 모순은 가장 일반적으로 표현하면 다음과 같은 점에 있다. 즉 자본주의적 생산양식은, 가치와 이것에 포함되어 있는 잉여가치에 상관하지 않고, 그리고 심하게는 자본주의적 생산이 진행되는 사회적 관계에도 상관하지 않고, 생산력을 절대적으로 발달시키는 경향을 포함하고 있는데, 동시에 다른 한편으로는 기존 자본가치의 유지와 그것의 최대한의 증식(이 가치의 가속적인 증대)을 목적으로 하고 있다는 점에 있다. 여기에서 특징적인 것은, 기존 자본가치를 수단으로 이용하여 그 가치를 최고한도로 증식시키려고 한다는 점과, 이 목적을 달성하는 방법들이 이윤율의 저하, 기존 자본의 가치감소, 그리고 이미 생산된 생산력을 희생으로 하는 노동생산력의 발달을 내포한다는 점이다(3상: 299; CW 37: 248).

자본주의적 생산양식이 존속하는 한, 이 모순은 반복하여 '사회적 노동의 생산력의 무조건적 발전이라는 수단'과 '기존 자본의 증식이라는 제한된 목적'과의 충돌로서 나타날 것이고, 그때마다 이 충돌은 '과잉생산' 공황이라는 형태를 취하게 됩니다. 그러나 이 상품의 과잉생산은 그 사회 주민의 필요를 충족시키는 것에는 오히려 부족하지만, 자본가가 바라던 일정한 이윤율을 얻기에는 너무나 많은 상품이 생산되었다는 것입니다.

현재의 인구에 비해 너무나 많은 생활수단이 생산되는 것은 아니다. 그 반
대이다. 총인구의 필요를 충분히 그리고 인간답게 충족시키기에는 생산되
는 것이 너무나 적다. 잠재적 노동인구를 고용하는 데 필요한 것보다 많은
생산수단이 생산되는 것도 아니다. 그 반대이다. ⋯⋯ 그러나 어느 일정한
이윤율로 노동자를 착취하는 수단으로 쓰이기에는 너무나 많은 노동수단
과 생활수단이 주기적으로 생산된다. 상품의 가치와 이 속에 포함된 잉여
가치가 자본주의적 생산에 특유한 분배·소비 조건 아래에서 실현되어 새
로운 자본으로 전환되기에는 너무나 많은 상품들이 생산된다(3상: 309~
310; CW 37: 256~257)

자본가는 이윤율을 최대한으로 얻기 위해 온갖 기술혁신을 도입하면
서 생산력을 발전시키는데, 그 어느 지점에서는 상품들이 너무 많이 생산
되어 상품들이 팔리지 않으면서 파산하게 된다는 것입니다. 상품을 사회
의 계획에 따라 생산하거나, 이윤을 생각하지 않고 모든 주민들에게 값싸
게 나누어 준다면, '과잉생산'이나 '공황'이 일어나지 않을 것입니다. 자본
주의 사회는 태내에 잉태한 새로운 사회를 출산하지 않는 한, 과잉생산이
나 공황을 끊임없이 겪게 될 것입니다.

공황은 항상 기존 모순들의 일시적인 폭력적 해결에 지나지 않으며, 교란
된 균형을 일시적으로 회복시키는 강력한 폭발에 지나지 않는다(3상: 299;
CW 37: 248).

공황에서는 상품들이 팔리지 않아 폐기처분되고, 공장과 기계는 쉬면
서 녹슬게 되며, 노동자들은 일자리를 잃어 기아선상에 헤매거나 자살하

게 됩니다. 주민들의 생활을 윤택하게 할 수 있는 거대한 생산요소들이 자본가들의 가치 증식 욕심 때문에 낭비된다는 것이 바로 자본주의적 생산관계가 생산력의 발전을 가로막고 있다는 명백한 증거입니다. 따라서 공황은 자본주의적 생산양식의 경련이고, 자본주의 사회에 대해 태아인 새로운 사회를 낳을 것을 촉구하는 진통입니다. 이처럼 이 진통을 일으키는 것은 자본주의적 생산양식 그것에 내재하는 모순과 모순의 심화입니다.

자본주의적 생산양식의 한계는 다음과 같이 나타난다.
① 노동생산력의 발달은 이윤율의 저하로부터 하나의 법칙을 낳는데, 이 법칙은 생산력 발전의 어느 지점에서는 생산력의 발달 그 자체에 적대적으로 대항하며 따라서 공황에 의해 끊임없이 극복되어야만 한다.
② 생산의 확장 또는 축소를 결정하는 것은, 생산과 사회적 욕구(사회적으로 발달한 인간의 욕구) 사이의 비율이 아니라, 불불노동不拂勞動, unpaid labour의 취득과, 이 불불노동과 대상화된 노동 일반 사이의 비율 — 이것을 자본가의 언어로 말하면 이윤과, 이 이윤과 자본투자액 사이의 비율, 즉 어떤 일정한 이윤율 — 이다. 따라서 자본주의적 생산양식은 사회적 욕구를 충족시키기에는 터무니없이 부족한 생산의 확장 수준에서 이미 생산에 대한 장벽에 부닥친다. 다시 말해 생산은 사회적 욕구가 충족되는 수준에서 멈추는 것이 아니라 이윤의 생산과 실현이 명령하는 수준에서 멈춘다(3상: 310; CW 37: 257).

3-4
협동조합

마르크스는 자본주의 이후의 새로운 사회에 대해 때때로 '협동조합적'이라는 단어로 표현한 바 있습니다. 생산 내지 생산양식에 대해 '협동조합적 생산'과 '협동조합적 생산양식'이라고 부르고, 또 새로운 사회 그것에 대해 '생산수단의 공유에 의거한 협동조합적 사회'라고도 말했습니다.

1864년 9월 28일 『국제노동자협회』(제1인터내셔널)가 창립되었을 때, 마르크스는 이 협회의 『창립선언』에서 영국과 대륙에서 전개되고 있는 협동조합 운동을 매우 높이 평가했습니다.

> 소유의 경제학에 대한 노동의 경제학의 더욱 큰 승리가 준비되고 있었다. 우리가 이야기하는 것은 협동조합 운동, 특히 소수의 대담한 '노동자들'이 외부의 원조도 받지 않고 자력으로 창립한 협동조합 공장이다. 이런 위대한 사회적 실험의 가치는 아무리 높이 평가해도 부족하다. 그들은 논의가 아니라 행위에 의해 다음을 증명했다. 즉 현대과학의 지휘에 따라 대규모로 운영되는 생산은, 노동자계급을 고용하는 주인 계급이 없더라도 수행될 수 있다는 것, 열매를 낳기 위해서는 노동수단이 노동자 자신에 대한 지배와 착취의 수단으로서 독점될 필요가 없다는 것, 그리고 임금노동은 노예노동이나 농노노동과 마찬가지로 일시적이고 저급한 형태의 노동에 지나지 않으며, 자발적 손과 임기응변적 정신과 즐거운 마음으로 자기 일을 부지런히 하는 연합한 노동associated labour 앞에서 사라질 운명에 있다는 것 등이다. 영국에서 협동조합제도의 씨를 뿌린 사람은 로버트 오언이었고, 대륙에서 노동자가 시도한 실험들은 사실상 1848년에 발명된 것이 아니라

소리 높게 선언된, 이론들의 실천적 귀결이었다(『국제노동자협회 창립선언』. 『저작선집』 3: 11; CW 20: 11).

그리고 마르크스는 『자본론』 제3권에서도 협동조합 공장의 의의를 높게 평가하고 있습니다.

노동자들 자신의 협동조합 공장은, 비록 현실의 조직에서는 어디에서나 기존 체제의 모든 결함을 재생산하며 또 재생산하지 않을 수 없지만, 낡은 형태 내부에서 새로운 형태가 출현하는 최초의 실례이다. 이 협동조합 공장 내부에서는 자본과 노동 사이의 대립이, 비록 처음에는 연합한 노동자들이 자기 자신의 자본가라는 형태로, 즉 그들이 자기 자신의 노동을 고용하기 위해 생산수단을 사용한다는 형태로이긴 하지만, 철폐되어 있다. 이런 공장은, 물질적 생산력과 그것에 대응하는 사회적 생산형태의 일정한 발전단계에서 어떻게 새로운 생산방식이 낡은 생산방식으로부터 자연적으로 형성되는가를 보여준다. 협동조합 공장은, 자본주의적 생산양식으로부터 발생하는 공장제도 없이는 발달할 수 없었을 것이며, 또한 자본주의적 생산양식으로부터 발생하는 신용제도 없이는 발달할 수 없었을 것이다. [협동조합 공장은 주식 발행을 통해 자금을 모았다.] 신용제도는 자본주의적 사적 기업을 자본주의적 주식회사로 점차 전환시키기 위한 주요한 기초를 이루는 것과 마찬가지로, 협동조합 기업을 다소간 국민적 규모로 점차 확장시키기 위한 수단을 제공한다(3하: 546~547; CW 37: 438).

여기에서 주목해야 할 것은 다음과 같은 점입니다. 첫째로 협동조합 공장은 자본주의적 생산양식의 내부에서 '자연적으로 형성'된 '새로운 생산방식'이라는 점입니다. 이것이 '새로운 생산방식'인 것은 '자본과 노동 사이의 대립이 적극적으로 철폐'되고 있기 때문입니다. 둘째로 협동조합 공장은 신용제도를 이용하여 특히 주식을 발행하여 '다소간 국민적 규모로 점차로 확장'하리라고 전망되고 있다는 점입니다.

그러나 마르크스는 협동조합 운동이 근로대중을 구출하기 위해서는 국민의 자금으로 전국 규모로 발전해야 하는데, 이렇게 되기 위해서는 정치권력을 획득해야 한다고 말합니다.

> 동시에 1848년에서 1864년까지의 경험은 다음을 의심할 여지없이 증명하였다. 즉, 협동조합 운동은, 원리에서 아무리 탁월하고 실천에서 아무리 유익하더라도, 만약 그것이 개별 노동자들의 일시적 노력이라는 협소한 범위에 머문다면, 독점의 기하급수적 성장을 억제할 수 없고, 대중을 해방할 수 없으며, 심지어 대중의 빈곤이라는 짐을 눈에 띄게 덜어줄 수도 없다는 점이다. …… 근로대중을 구출하기 위해서는 협동조합 운동을 전국 규모로 발전시켜야 하고, 따라서 국민의 자금으로 조성해야 할 것이다. 그러나 토지 귀족과 자본 귀족은 자기의 경제적 독점의 방어와 영구화를 위해 언제나 자기의 정치적 특권을 사용할 것이다. …… 이리하여 정치권력을 획득하는 것이 노동자계급의 커다란 의무가 되었다. 노동자들은 이것을 이해한 것 같다. 왜냐하면 영국·독일·이탈리아·프랑스에서 동시에 노동운동이 부활하고 노동자 정당의 정치적 재조직을 위한 노력이 동시에 행해지고 있기 때문이다(『국제노동자협회 창립선언』. 『저작선집』 3: 11~12; CW 20: 11~12).

그렇지만 부르주아 국가나 자본가계급의 비호를 받는 협동조합 운동은 전혀 혁명적 성질을 가지지 못한다고 마르크스는 「고타 강령 초안 비판」에서 다음과 같이 못 박고 있습니다.

노동자들이 사회적 규모로, 그리고 먼저 자국에서 일국적 규모로 협동조합적 생산을 위한 조건을 갖추려 한다는 것은 다만 그들이 지금의 생산조건의 변혁에 종사하고 있다는 것을 뜻할 뿐이며, 국가 보조를 받아 협동조합을 창설하는 것과는 아무런 상관이 없다. 그런데 지금의 협동조합에 관한 한, 그것이 정부나 부르주아지의 비호를 받지 않는 노동자들의 독립적인 창조물인 한에서만 가치를 가진다(『저작선집』4: 384; CW 24: 93~94).

그 뒤 마르크스는 1866년 8월 국제노동자협회 제1차대회(제네바)에 참석하는 임시일반평의회 대의원에게 보낸 『지시』(ⓐ, ⓑ, ⓒ, ⓓ, ⓔ)에서 협동조합 운동에 관해 다음과 같이 쓰고 있습니다. ⓐ에서는 협동조합이 자유롭고 평등한 생산자들의 연합을 만들어낼 수 있다는 것을 강조하고, ⓑ에서는 협동조합 운동이 규모를 확대해야 하는데, 그렇게 하기 위해서는 국가권력을 획득하는 것이 필수조건이라는 점을 지적하며, ⓒ에서는 협동조합 '상점'보다는 협동조합적 생산 즉 협동조합 '공장'이 더욱 중요하다고 말하고, ⓓ에서는 모든 협동조합 조직은 사업을 확대하기 위해 기금을 설정하기를 권고하고 있으며, 마지막으로 ⓔ에서는 협동조합 조직이 주식을 발행하여 자본을 조달함으로써 노동자 이외의 주주가 존재하는 것을 용인하지만, 협동조합 사업에 종사하는 모든 노동자는 일정한 동등한 주식을 가질 것을 요구하고 있습니다.

ⓐ 우리는 협동조합 운동이 계급적대에 의거한 현재의 사회를 변혁할 세력

들의 하나라는 것을 인정한다. 이 운동의 큰 장점은 자본에 대한 노동의 종속이라는, 궁핍을 일으키는 현재의 독재적 시스템을 자유롭고 평등한 생산자들의 연합이라는 공화주의적이고 복지창조적 시스템에 의해 지양할 수 있다는 것을 실제로 증명하고 있다는 점에 있다.

ⓑ 그러나 협동조합제도가 개별 임금노예들의 개인적 노력에 의해 추진될 정도로 영세한 형태에 제한된다면, 이 제도는 결코 자본주의 사회를 변혁할 수 없을 것이다. 사회적 생산을 자유롭고 협동조합적 노동의 하나의 거대한 조화로운 시스템으로 전환하기 위해서는, 전반적인 사회적 변화들, 사회의 전반적 조건들의 변화가 필요하다. 그런데 이런 변화는 사회의 조직된 힘, 즉 국가권력을 자본가와 지주로부터 생산자들 자신에게로 이전하지 않고서는 결코 실현할 수 없다.

ⓒ 우리는 노동자들에게 협동조합 상점보다는 협동조합적 생산에 종사할 것을 권고한다. 전자는 현재의 경제시스템의 표면을 손댈 뿐이지만, 후자는 그 토대를 공격한다.

ⓓ 우리는 모든 협동조합에게, 실례와 교훈에 의해 자기의 원리를 전파하기 위해 그리고 교육과 설득에 의해 새로운 협동조합 공장의 설립을 촉진하기 위해, 자기의 공동수입의 일부로 기금을 만들 것을 권고한다.

ⓔ 협동조합이 보통의 중간계급의 주식회사로 타락하는 것을 막기 위해, 고용된 모든 노동자는, 주주이건 아니건, 동등한 주식 몫을 가지지 않으면 안 된다. 오직 일시적 방편으로 주주에게 낮은 율의 이자를 지급하는 것을 우리는 허용할 것이다(『임시일반평의회 대의원에게 보낸 지시. 각종 문제들』. 『저작선집』 3: 137; CW 20: 190).

그런데 마르크스는 '전국의 생산을 조정 · 계획하는' 업무를 협동조합적 조직들이 담당하고, 새로운 사회는 '자유로운 생산자들의 연합들로 구성'된다고 말하고 있다는 점입니다. 다시 말해 새로운 사회는 결코 단일의 중앙기관이 지령을 내리는 일원적 시스템이 아니라, 개인들의 각종 연합들이 편성하는 유기적 조직체라는 것입니다. 이른바 '중앙지령형 계획경제'는 자유롭고 평등한 개인들의 연합에 전혀 어울리지 않는다는 뜻입니다.

> 만약 통합한 협동조합적 조직들이 하나의 공동 계획에 의거해 전국의 생산을 조정하고, 이리하여 그것을 자기 자신의 제어 아래 둠으로써 자본주의적 생산의 숙명인 끊임없는 무정부상태와 주기적 경기변동에 종지부를 찍는다면, 여러분 바로 이것이 공산주의, '가능한' 공산주의가 아니고 무엇인가?(『프랑스의 내전』. CW 22: 335)

> 생산수단의 국민적 집중은, 공동의 합리적 계획에 따라 사회 업무를 수행하는 자유롭고 평등한 생산자들의 연합들로 구성된 사회의 자연적 토대가 될 것이다. 이것이 19세기의 위대한 경제적 운동이 지향하는 목표이다(「토지의 국유화」.『저작선집』 4: 156; CW 23: 135~136).

위에서 보는 것처럼 마르크스는 자본주의 사회 안에서 일어나는 협동조합 운동을 높이 평가했으며, 협동조합 공장은 노동자의 의식적·자발적 결합이므로 장래의 자개연의 토대로 될 수 있다고 인정하고 있습니다. 그러나 협동조합 운동이 전국 규모에서 노동자계급을 해방하기 위해서는 국가권력의 장악을 시도하지 않으면 안 된다고 생각했습니다.

* * * 더 읽을 거리 & 토론 거리

『자본론』은 자본주의 사회가 어떻게 자기 자신을 확대재생산하고 있는가를 과학적으로 탐구하고 있습니다. 그러나 역사적 유물론자인 마르크스는 자본주의 사회가 어디에서 왔다가 어디로 가는가에 관심을 가지지 않을 수 없었습니다. 그리하여 『자본론』 제1권 제8편에서 자본주의가 어떻게 형성되었는가를 '이른바 시초축적'이라는 제목 아래 해명했고, 자본주의 아래에서 성장하고 있는 새로운 사회의 요소들에 관해서는 '체계적으로' 종합하지 않고 기회 있을 때마다 '단편적으로' 언급했을 뿐입니다. 그러나 자본주의 사회에서 억압받고 착취당하는 임금노동자계급에 관한 연구는 자본주의 사회를 이해하는 것에 필요했을 뿐 아니라 누가 자본주의 사회를 타도하는 주체로서 역할을 할 것인가를 파악하는 것에도 필수 불가결했을 것입니다.

그렇다면 노동운동이 시민운동·환경운동·여성운동 등보다 더 큰 비중을 두어야 한다는 말이냐는 질문이 당연히 나오게 되어 있습니다. 그러나 이 질문에 대한 마르크스의 대답은 한 가지뿐일 것입니다. "나는 자본주의 사회를 구성하는 두 개의 큰 계급으로 자본가계급과 노동자계급을 상정했으며, 따라서 노동자계급에 주의를 집중했다." 이것은 자본주의적 생산양식이라는 추상도가 높은 구도에서 자본주의 사회의 핵심을 파악하기 위해 불가피했을 것입니다. 그다음으로 현실 사회의 개혁이나 변혁을 이끌어가는 대중운동은 '그 당시의 상황'에 따라 누가 주도하는가가 결정될 것입니다. "경제가 모든 문제의 틀을 결정한다"는 '경제결정주의'는 이미 폐기된 지 오래되었습니다. 사회문제에 관심을 가진 사람들이 자기의 관심사에 몰두하면서 온갖 아이디어를 내고, 그 아이디어를 서로 토론하면서 더욱 나은 아이디어를 찾아가는 과정이 사회운동의 단결과 연합에서 가장 필요합니다.

➲ 이 장에서 나오는 『자본론』의 내용 중 공황에 관한 것은 사실상 좀 어렵습니다만, 쉽게 쓰는 것에도 한도가 있는 것 같습니다. 김수행, 『자본주의 경제의 위기와 공황』(서울대출판문화원, 2009)의 제6장 '이윤율 저하 경향의 법칙과 경제위기·공황'을 읽으면 크게 도움이 될 것입니다.
➲ 협동조합의 최근의 동향에 관해서는 김현대·하종란·차형석이 쓴 『협동조합, 참 좋다: 세계 99%를 위한 기업을 배우다』(푸른지식, 2012)를 읽어보세요.

'수탈자를 수탈하는' 정치혁명의 개시로부터 '자유로운 개인들의 연합(자개연)'이 형성되기 까지가 자본주의 사회로부터 새로운 사회로 가는 '진정한' 이행기입니다.

제 4 장

진정한 이행기의 과제

이행기에는 무엇보다 먼저 자본주의적 생산에서 '사회적 점유'의 형태로 숨어 있는 '사회적 소유'와 '개인적 소유'를 현실화하는 것입니다. 다시 말해 노동자들로부터 분리·자립하여 그들을 착취하고 지배하는 생산수단을 자본가들의 손에서 빼앗아서, 노동자들이 생산수단을 자기의 것으로 상대하면서 공동으로 사용하게 하는 것입니다. 이렇게 되면 노동하는 개인들이 자기의 노동력을 팔아야만 살 수 있는 '임금노예'의 상태를 벗어나게 될 것입니다. 그리고 이행기에는 자본주의적 이데올로기에 사로잡혀 있는 노동자들에게 광범한 교육과 훈련을 통해, 사회의 생산수단 전체와 개인의 노동력 전체를 사회의 차원에서 계획적으로 이용하는 것의 우월성을 인식시키고, 개인의 자유로운 발달이 만인의 자유로운 발달의 기초가 된다는 것과 개인이 타인과 자연에 대해 '인류'의 입장에서 관계를 맺는 것이 모든 차별과 자연 파괴를 막는 길이라는 것을 가르쳐야 할 것입니다.

이리하여 노동하는 개인들이 의식적·능동적으로 연합을 결성하여 자본주의 사회가 품고 있는 새로운 사회의 요소들을 해방시켜 공고하게 확립하는 것이 이행기의 기본과제가 될 것입니다. 물론 이 과정에서 자본가계급은 혁명을 저지하기 위해 정치적·경제적·군사적 작전을 취할 수 있으므로, 노동하는 개인들의 연합은 이런 반혁명 세력을 물리치지 않으면 안 됩니다. 이 이행기의 다양한 과제를 달성하는 과정에서 노동하는 개인들 사이에 연대와 단결 및 협력이 강화되어, 이른바 '자유로운 개인들의 연합'이 형성될 때 비로소 새로운 사회의 제1단계에 들어가게 될 것입니다.

이 이행기가 오래가고 힘들 것이라는 것은 마르크스가 파리 코뮌(1871년) 직후에 쓴 『프랑스의 내전. 제1초고』에서도 잘 볼 수 있습니다.

노동자계급은 자기들이 계급투쟁의 상이한 국면을 통과하지 않으면 안 된다는 것을 알고 있다. 그들은 노예 같은 노동의 경제적 조건을 자유로운 연합한 노동의 조건으로 갈아치우는 것이 시간이 걸리는 점진적인 사업일 수밖에 없다는 것(경제적 변혁), 그리고 이것을 위해서는 분배의 변경뿐 아니라 생산의 새로운 조직이 필요하다는 것, 또는 오히려 현재의 조직된 노동에 의거한 사회적 생산형태들(이것들은 현재의 산업에 의해 생긴 것이다)에서 노예제의 속박과 현재의 계급적 성격을 제거하는 것과 그것들을 전국적·국제적으로 조화롭게 결합시키는 것이 필요하다는 것을 알고 있다. 이런 쇄신 작업은 기득권과 계급 이기주의의 저항에 부딪혀 몇 번이나 방해를 받을 것을 그들은 알고 있다. 현재의 '자본과 토지소유의 자연법칙의 자연발생적 작용'은, 지난날 '노예제의 경제법칙의 자연발생적 작용'과 '봉건제의 경제법칙의 자연발생적 작용'이 그랬듯이, 오직 새로운 조건들의 장기적 발달과정을 통해 '자유로운 연합한 노동의 사회경제적 법칙의 자연발생적 작용'에 의해서만 지양될 수 있을 것을 그들은 알고 있다. 그러나 이와 동시에 그들은 정치조직의 코뮌 형태를 통해 한꺼번에 큰 진전을 이룰 수 있다는 것과, 그들 자신과 인류를 위해 이 운동을 시작할 때가 왔다는 것을 알고 있다(『저작선집』4: 23~24; CW 22: 491~492).

노동자계급은 코뮌으로부터 기적을 기대하지 않았다. 그들은 '인민의 명령에 따라' 실시해야 할 미리 만든 유토피아를 가지고 있지 않다. 자기 자신의 해방을 달성하기 위해, 그리고 이것과 함께 현재의 사회가 자기 자신의 경제적 작용인作用因, agencies에 의해 불가항력적으로 향하고 있는 보다 높은 사회형태를 만들어내기 위해서는, 노동자계급은 환경과 인간을 변혁시키는 장기의 투쟁과 일련의 역사적 과정을 통과하지 않으면 안 된다는 것을 알고 있다. 그들은 실현해야 할 이상을 가지고 있지 않다. 그들이 해야 할 일은 낡은 붕괴하는 부르주아 사회 그 자체가 잉태하고 있는 새로운 사회의 요소들을 해방시키는 것이다(『프랑스의 내전』. CW 22: 335).

4-1
노동자와 노동조건들의 재통일: 개인적 소유의 재건

자본주의를 타도하는 투쟁에서 노동자계급은 이제 노동력을 팔 수밖에 없는 임금노동자가 아니라 자기의 노동에 의해 사회를 지탱하는 '노동하는 개인들'로서 자본가계급과 대결하게 됩니다. 그러나 노동하는 개인들이 진정으로 대결하는 것은 '자본의 인격화'로서의 자본가이지 자본가라는 개인 그 자체는 아닙니다. 마르크스는 다음과 같이 말합니다.

자본가와 지주를 나는 결코 장밋빛으로 아름답게 그리지는 않는다. 그러나 여기서 개인들이 문제로 되는 것은 오직 그들이 경제적 범주의 인격화이고, 일정한 계급관계와 이해관계의 담당자인 한에서이다. 경제적 사회구성체의 발전을 자연사적 과정으로 보는 나의 입장에서는, 다른 입장과는 달리, 개인이 이런 관계들에 책임이 있다고 생각하지 않는다(1상: 6; CW 35: 10).

자본주의적 생산양식이 철폐되어, 노동조건들(기계와 원료 등 생산수단과, 의식주생활에 필요한 생활수단)이 자본이라는 형태로 노동자들을 지배하는 것이 사라지면, 노동하는 개인들은 자본의 쇠사슬로부터 해방될 뿐 아니라 자본가도 자본의 인격화로부터 해방됩니다. 모든 인간이 해방되는 셈입니다. 이것이 바로 "노동해방이 인간해방이다" 하는 구호의 참뜻입니다.

자본주의적 생산양식을 철폐하려면 무엇보다 자본가계급에 의한 생산수단의 독점, 나아가서 자본주의적 사적 소유를 철폐해야만 합니다. 『자본론』 제1권 제32장 '자본주의적 축적의 역사적 경향'에서 마르크스는 자본주의적 사적 소유가 어디로부터 나와서 어디로 가는가에 관해 다음과 같이 설명하고 있습니다.

자본주의적 생산방식으로부터 생기는 자본주의적 취득방식은 자본주의적 사적 소유를 낳는다. 이 자본주의적 사적 소유는 자기 자신의 노동에 의거한 개인적 사적 소유의 첫 번째 부정이다. 그러나 자본주의적 생산은 자연 과정의 필연성을 가지고 자기 자신의 부정을 낳는다. 이것은 '부정의 부정 The negation of negation'이다. 이 부정의 부정은 생산자에게 사적 소유를 재건하는 것이 아니라, 자본주의 시대의 성과 — 협업 그리고 토지를 포함한 모든 생산수단의 공동점유 — 에 의거하여 개인적 소유를 재건한다(1하:

1050; CW 35: 750).

마르크스에 따르면, 자기의 생산수단을 가지고 생산하는 소규모 경영 (또는 소경영small-scale industry)에서는 노동하는 개인은 자기 노동에 의거하여 개인적 사적 소유individual private property를 가지게 됩니다. 그런데 자본주의는 소경영을 파괴하여 노동하는 개인들로부터 생산수단을 빼앗아 이들을 임금노동자로 전환시킵니다. 이리하여 자본가는 임금노동자의 노동을 착취하여 자기의 소유를 증가시키게 되므로, 자본주의에서는 타인노동의 착취에 의거한 자본주의적 사적 소유가 생기는 것입니다. 그리고 자본주의적 사적 소유는 이전의 '자기 노동에 의거한 개인적 사적 소유'의 부정입니다.

그런데 정치혁명에 의해 자본주의적 사적 소유가 폐기되면, 다시 말해 '자기 노동에 의거한 개인적 사적 소유'의 부정인 '자본주의적 사적 소유'가 부정되면(이것이 '부정의 부정'입니다), 그다음 사회인 자개연의 소유 형태는 어떻게 될 것인가요? 자개연에서는 "생산자에게 사적 소유를 재건하는 것이 아니라, 자본주의 시대의 성과 — 협업 그리고 토지를 포함한 모든 생산수단의 공동점유 — 에 의거하여 개인적 소유를 재건한다"고 마르크스는 말하고 있습니다. 오타니(2010)는 마르크스의 견해에 따라 소경영적 생산양식 → 자본주의적 생산양식 → '연합노동의 생산양식'(이것은 자개연의 경제토대입니다)의 발전을 〈그림 4-1〉로 표현했습니다.

그런데 마르크스가 자개연에 대해 말한 '사적 소유'와 '개인적 소유'의 차이는 무엇일까요? 이것에 대해 논쟁이 있었는데, 엥겔스는 다음과 같이 주장했습니다.

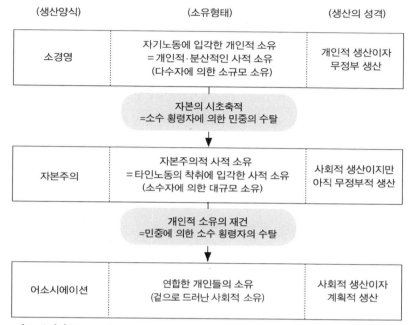

그림 4-1 자본의 시초축적과 개인적 소유의 재건

(생산양식)	(소유형태)	(생산의 성격)
소경영	자기노동에 입각한 개인적 소유 = 개인적·분산적인 사적 소유 (다수자에 의한 소규모 소유)	개인적 생산이자 무정부 생산
	자본의 시초축적 = 소수 횡령자에 의한 민중의 수탈	
자본주의	자본주의적 사적 소유 = 타인노동의 착취에 입각한 사적 소유 (소수자에 의한 대규모 소유)	사회적 생산이지만 아직 무정부적 생산
	개인적 소유의 재건 = 민중에 의한 소수 횡령자의 수탈	
어소시에이션	연합한 개인들의 소유 (겉으로 드러난 사회적 소유)	사회적 생산이자 계획적 생산

자료: 오타니(2010: 332).

생산물이 처음에는 생산자를 그리고 그다음에는 소유자를 예속시키는 자본주의적 소유방식은 현대적 생산수단 그 자체의 본성에 의거하는 생산물의 소유방식으로 대체된다. 즉 생산의 유지와 확장의 수단은 직접적 사회적 소유가 되고, 생활과 향락의 수단은 직접적 개인적 소유로 된다(『유토피아에서 과학으로의 사회주의의 발전』.『저작선집』5: 468~469; CW 24: 320).

다시 말해 엥겔스는 자개연에서 사회적 총생산물 중 생산수단은 '사적 소유'가 아니라 사회적 소유로 되고, 생활수단은 '개인적 소유'로 된다고 해석한 것입니다. 물론 자개연에서는 생산수단은 개인에게 분배되지 않고 공동으로(즉 사회적으로) 사용되며, 생활수단 또는 소비재는 개인에게 분배되는 것은 사실이지만, 마르크스가 말한 '개인적 소유'가 생활수단에만 해당되는 말이라고 해석하는 것은 좀 이상합니다. 왜냐하면 마르크스는 협업과 생산수단의 공동 점유에 의거하여 '소경영 시기의 개인적 소유를 재건한다'고 말하고 있기 때문입니다. 따라서 오타니는 마르크스가 이야기하는 '소유'라는 개념이 흔히들 의미하는 '나의 것' 또는 '누구의 것'을 가리키는 것이 아닐 수 있다고 문제를 제기한 것입니다(大谷禎之介, 2011: 402~408). 마르크스는 『정치경제학 비판 요강』 중에 1858년에 쓴 「자본주의적 생산에 선행하는 형태들」에서 '소유'에 관해 다음과 같이 이야기합니다.

> 자유로운 소규모 토지소유와 동양적 공동체에 의거한 공동의 토지소유. 이 두 가지 형태에서는 노동자는 자기 노동의 객체적 조건들에 대해 자기의 것으로서 관계를 맺고 있다. 바로 이것이 노동과 노동의 물질적 전제들과의 자연적 통일이다(『정치경제학 비판 요강』. CW 28: 399).

앞에서 말한 소규모 경영과 공동의 토지소유에서는 노동하는 개인은 토지 등 생산수단에 대해 '자기의 것으로서 관계를 맺고 있다'고 말하고, 이것이 '노동과 노동조건들과의 자연적 통일'이라고 지적합니다. 그리고 그 뒤에도 반복하여(『정치경제학 비판 요강』. CW 28: 400~401, 415) "노동자가 자기 노동의 객체적 조건들에 대해 자기의 것으로 또는 타인의 것으로 관계를 맺고 있다"고 말하면서, 이렇게 '관계를 맺는 것' 그 자체가 '소유'의 본원적 규정이라고 이야기합니다. 여기에서 말하는 '소유'는 노동하는 개인과 노동조건들 사이의 '관계'를 이야기하는 개념이므로, 법적 개념으로서의 '소유'와는 다른 관점입니다. 원래 법적 개념으로서의 '소유'는 상품교환이라는 '표층'에서 생기는 개념입니다. 상품의 소지자들이 시장에 나타나서 서로 상품을 교환할 때, 상품의 소지자는 상대방을 그 상품의 진정한 소유자라고 인정해야만 서로 상품을 교환할 수 있을 것입니다. 이리하여 어느 상품은 누구의 것이라는 법적 소유 개념이 생기게 되는 것입니다. 그러나 생산과정이라는 '심층'에서는 노동하는 개인들이 생산수단들을 사실상 점유하여 사용하기 때문에, '심층'에서의 소유 개념은 노동하는 개인들이 노동조건들을 자기의 것으로 관계를 맺는가 아니면 타인의 것으로 관계를 맺는가를 나타낼 뿐입니다.

그러므로 마르크스가 말하는 '부정의 부정'은 다음과 같이 이해할 수 있을 것입니다. 즉, 소경영에서처럼 노동하는 개인들이 노동조건들을 자기의 것으로 관계를 맺는 상태, 다시 말해 노동과 노동조건들의 통일이 지배하는 상태가 '부정'되어, 노동하는 개인들이 노동조건들을 타인의 것, 자본가의 것으로 관계를 맺는 상태(자본주의)로 갔다가, 다시 이 상태가 '부정'되면서 노동과 노동조건들의 통일이 회복되는 것(자개연)이 부정과 부정의 논리라고 보아야 한다는 것입니다. 사실상 이런 해석은 『정치경제학 비판 요강』 다음에 쓴 『1861~1863년 초고』에 나오는 다음과 같은 이야기와 일치합니다.

노동자와 노동조건들과의 본원적 통일(노동자 자신이 객체적 노동조건에 속하는 노예제는 제외한다)에는 두 가지의 주요 형태가 있다. 아시아적 공동체(자연발생적 공산주의)와 이런저런 형태의 소규모 가족농업(가내공업이 결부되어 있다)이 그것이다. 두 형태 모두 유아적이고, 노동을 사회적 노동으로 발전시켜 사회적 노동의 생산력을 발전시키기에는 적합하지 않다. 따라서 노동과 소유(생산조건들의 소유라고 이해해야 한다)의 분리·절단·대립의 필연성이 있다. 이 절단의 극단적 형태이면서 동시에 사회적 노동의 생산력을 가장 강력하게 발전시킨 형태는 자본이다. 자본이 창조하는 물질적 기초 위에서, 그리고 이 창조과정에서 노동자계급과 사회 전체가 겪는 여러 가지 혁명에 의해서, 비로소 노동자와 노동조건들과의 본원적 통일이 재건될 수 있다(CW 33: 340).

여기에서도 '노동자와 노동조건들의 통일'이, '노동과 노동조건들의 분리·절단·대립'의 결과로 생긴 '자본'에 의해 부정되는데, 이것이 '여러 가지 혁명'을 거치면서 다시 부정되어 '노동자와 노동조건들의 통일'이 재건된다고 말하고 있기 때문입니다.

결국 마르크스에 따르면, 소경영에서는 노동하는 개인은 생산수단을 자기의 것으로 관계를 맺기 때문에 '개인적으로 소유'하며, 그 위에 자기 노동에 의거하여 '사적 소유'를 증가시킬 수 있습니다. 자본주의에서는 노동하는 개인들은 공동으로 거대한 생산수단을 자본가의 것으로 관계를 맺으면서 착취당함으로써 자본가의 사적 소유를 증가시키게 됩니다. 여기에서는 자본가는 생산과정에서 노동하지 않으므로 '생산수단을 자기의 것으로 관계를 맺지 않기' 때문에, '개인적 소유'라는 용어가 나오지 않습니다. 물론 "자본가가 생산수단을 사적으로 소유한다"는 말이 사용되고 있지만, 이것은 표층에서의 법률적 의미의 '소유'가 심층에까지 확대된 것으로 보아야 할 것입니다. 그러나 자본주의적 사적 소유가 폐기된 자개연에서는 노동하는 개인들은 협업과 생산수단의 공동 점유에 의해, 생산수단을 자기의 것으로 관계를 맺으므로 '개인적 소유'가 재건되지만, 공동 노동의 결과는 생산자의 사적 소유가 아니라 사회적 소유가 되는 것입니다.

사적 소유와 사회적 소유에 관해서는 마르크스가 주식회사를 논의하면서 다음과 같이 지적한 바 있습니다. 즉, 주식회사에서 자본의 소유와 경영이 완전히 분리하는 것은, '자본'(=생산수단)을 '생산자들의 소유— 그러나 이제는 개별 생산자들의 사적 소유가 아니라, 연합한 생산자들의 소유 또는 직접적 사회소유— 로 재전환하기 위한 필연적 통과점'(3상: 542; CW 37: 434)이라는 것입니다. 여기에서 말하는 '소유'는 생산자들이 공동으로 생산수단을 점유·사용하고 있기 때문에, 거대한 생산수단은 '개별 생산자들의 사적 소유가 아니라 연합한 생산자들의 소유 또는 직접적 사회소유'라는 것입니다. '생산자들의 연합' 그 자체가 '사회'이기 '연합한 생산자들의 소유=직접적 사회소유'라고 말하는 것입니다. 그러나 여기에서 말하는 소유는 생산수단을 자기의 것으로 관계를 맺는다는 '개인적 소유'에 관한 것은 아닙니다.

이처럼 마르크스는 자개연의 소유의 특징을 생산수단의 개인적 소유에서 찾았습니다. 다시 말해 "노동하는 개인들이 생산수단을 자기의 것으로 대하면서" 즐거운 마음으로 노동하게 되는 것을 가리킵니다. 자개연의 궁극의 목표가 '각 개인의 최대한의 자유로운 발달'이므로, 이것을 위해 '개인적 소유의 재건'이 필요하다고 마르크스는 생각한 것입니다. 왜냐하면 개인적 소유는 '노동자 자신의 자유로운 개성의 발달'(1하: 1047; CW 35: 749)을 도모할 수 있는 '학교'이기 때문입니다.

생산수단에 대한 노동자의 사적 소유는 소경영의 기초이며, 소경영은 사회적 생산의 발전과 노동자 자신의 자유로운 개성의 발달에 필요한 조건이다 [이 문장의 프랑스어판: 노동자가 생산적 활동의 수단을 사적으로 소유한

다는 것은 농업 또는 공업에서 소경영의 필연적 귀결이지만, 이 소경영은
사회적 생산의 못자리이고 노동자의 손의 숙련, 공부의 재능, 자유로운 개
성을 연마하는 학교이다.『資本論』第1卷 4分冊, 1303~1304]. 이 생산방식
이 노예제, 농노제 및 기타의 예속관계 아래에서도 존재하는 것은 사실이
다. 그러나 그것이 번영하여 자기의 모든 정력을 발휘하고 자기의 적절한
전형적 형태를 취하는 것은, 오직 노동자가 자기 자신이 사용하는 노동조
건의 자유로운 사적 소유자인 경우, 즉 농민이라면 자기가 경작하는 토지
를, 수공예인이라면 자기가 능숙하게 다루는 도구를 소유하는 경우뿐이다
(1하: 1047~1048; CW 35: 749~750).

생산자가 해방될 수 있는 것은 생산수단을 소유하는 경우뿐인 것, 생산수
단이 생산자의 것으로 될 수 있는 형태는 오직 두 가지인데, ① 개인적 형태
— 이 형태는 지금까지 현실에서 널리 존재한 적이 전혀 없고, 산업의 진
보에 따라 점점 제거되고 있으며, ② 집단적 형태 — 이 형태의 물질적 요
소들과 지적 요소들은 자본주의 사회의 발전 그것에 의해 형성되고 있다
는 것(「프랑스 노동자당 강령 전문前文」. CW 24: 340).

더욱이 마르크스는 인간 개인의 잠재력이 자본주의 사회에서는 노동
의 소외에 의해 억압되고 있었지만, 자개연에서는 인간 개인의 잠재력이
충분히 발휘되어 인간 사회를 더욱 다양하고 풍부하게 한다고 주장합니
다. 자본주의적 사적 소유의 폐기 뒤에 개인적 소유가 재건되는 것에 의
해 비로소 노동하는 개인들은 각자의 개성을 자유롭게 전면적으로 발휘
할 수 있게 되는 것입니다. 그리고 자연에 대해서뿐 아니라 다른 개인들
에 대해서도 유적 존재인 인류의 입장에서 상대할 수 있게 됩니다. 이렇

게 볼 때, '개인적 소유의 재건'은 생산수단이나 생산물이 누구에게 속하는가 하는 문제가 아니라, 인간 개인들의 개성적·유적 발달을 위한 전제의 창출이라는 의미를 가진 것입니다.

그리고 마르크스는 자본주의적 사적 소유 → 자개연의 개인적 소유와 사회적 소유로의 전환이, 개별적 분산적 소유 → 자본주의적 사적 소유로의 전환보다 훨씬 쉽다고 이야기합니다.

> 개인들의 자기 노동에 입각한 분산된 사적 소유를 자본주의적 사적 소유로 전환하는 것은, 이미 실제로 사회적으로 된 생산에 입각한 자본주의적 사적 소유를 사회화된[사회적] 소유로 전환하는 것보다 비교할 수 없을 정도로 더 오래 걸리며 힘들고 어려운 과정인 것은 당연하다. 전자에서는 소수의 횡령자가 인민대중을 수탈하지만, 후자에서는 인민대중이 소수의 횡령자를 수탈하기 때문이다(1하: 1050; CW 35: 751).

결국 우리는 새로운 사회를 '자유로운 개인들의 연합(자개연)'으로 파악하고, '각 개인의 최대한의 자유로운 발달'을 이룩하는 것이 자개연의 역사적 사명이라는 점을 강조해야 할 것입니다. 따라서 진정한 이행기의 과제도 각 개인의 최대한의 자유로운 발달에 기여할 수 있는 경제구조와 상부구조 및 사회의식을 창조하는 것에 있습니다.

4-2
생산과정의 의식적·계획적 제어

자개연에서는 사회의 총생산은 모두 직접으로 '사회적' 노동에 의해 처음부터 사회의 욕구를 충족시키는 방식으로 수행됩니다. 다시 말해 자본주의에서처럼 개별생산자가 사전적으로는 자기의 생산물이 팔릴 것인가를 모르면서 생산하고, 사후적으로 자기의 '사적 노동'이 '사회적' 노동으로 인정받는 무정부적 생산과는 다르다는 것입니다.

> [자유로운 개인들의 연합에서는] 노동시간은 이중의 역할을 하게 될 것이다. 정확한 사회적 계획에 따른 노동시간의 배분은 연합의 다양한 욕구와 해야 할 각종 작업 사이에 올바른 비율을 유지한다. 다른 한편으로, 노동시간은 각 개인이 공동노동에 참가한 정도를 재는 척도로 기능하며, 따라서 총생산물 중 개인적으로 소비되는 부분에 대한 그의 분배 몫의 척도가 된다 (1상: 101; CW 35: 89~90).

사회의 총생산을 계획하는 과정은 대체로 다음과 같을 것입니다. 첫째로 질적·양적으로 파악한 사회의 욕구 전체와, 현재의 이용가능한 생산수단과 노동력을 대비하면서, 먼저 충족시켜야 할 사회의 필요(또는 욕구)를 확정합니다. 둘째로 사회의 필요를 최적의 방법으로 충족시키기 위해 현재의 생산수단과 노동력을 각종 산업부문에 배분하는 계획을 세웁니다. 셋째로 이 계획에 따라 생산수단과 노동력을 실제로 각 생산부문에 배분합니다. 넷째로 각 생산부문이 실제로 사회적 생산물을 생산합니다. 다섯째로 생산된 총생산물을 사회적으로 소비합니다. 즉 일부는 생산수단으로서 각 생산부문에 배분하고, 일부는 사회적으로 소비되는 생활수단으로 유보하며, 일부는 개인적 생활수단으로 개인들에게 분배합니다.

'계획'에 관해서는 여러 가지 반대 의견이 제기되고 있습니다. 첫째는 거대한 사회가 생산하고 소비하는 엄청난 수의 생산물에 대해, 하나의 산업연관표를 작성하는 것은 아무리 성능이 좋은 컴퓨터가 있더라도 불가능하다는 주장입니다. 그러나 전국에 걸친 '하나의 계획'은 필수적이지만, 이 하나의 계획은 상호 피드백의 관련을 가진 세분화된 다수 계획의 총체라고 보면 될 것입니다. 현실의 계획적 생산에서는 여러 가지 차원에서 상호 자립적인 연합들이 피드백을 통해 최적의 계획을 만들어낼 것입니다. 또한 최근 사이버네틱스cybernetics를 응용한 기술의 발전으로 계획의 작성에는 어려움이 없습니다.

둘째로 계획에 의한 생산은 시시각각으로 변하는 소비자의 기호를 충족시킬 수 없다고 비판합니다. 자개연에서는 거의 대부분의 개인들은 노동이나 활동을 통해 자기의 개성과 능력을 발달시킬 것이고, 또한 개인들은 타인이나 자연에 대해 인류로서 관계를 맺을 것이므로, 자본주의에서처럼 무의미한 경쟁심이나 일시적이고 낭비적인 유행이 경제활동을 지배할 수가 없을 것입니다. 그리고 내구소비재는 자본주의에서처럼 모델을 빨리 바꾸어 오래 사용할 수 없게 하지 않고 처음부터 오랫동안 사용할 수 있게 제조될 것입니다.

셋째로 마르크스가 사회 전체를 하나의 단순한 공장이라고 착각하여 계획경제를 생각했다는 주장입니다. 이 주장의 근거로 다음과 같은 문장을 인용하고 있습니다.

매뉴팩처 안의 분업, 노동자를 평생 하나의 부분작업에 묶어두는 것, 자본에 대한 노동자의 완전한 종속 등을 노동생산성을 제고시키는 노동의 조직화라고 찬양하는 바로 그 부르주아적 의식은, 생산과정을 사회적으로 통제하고 조정하려는 온갖 의식적 시도를 개별 자본가의 소유권·자유·자율적 독창성 등과 같은 신성한 것에 대한 침해라고 마찬가지로 열렬히 비난하고 있다. 공장제도의 열광적 변호자들이 사회적 노동의 일반적 조직화를 반대하면서, 그것은 사회 전체를 하나의 공장으로 전환시킬 것이라고 비난하는 것은 매우 특징적이다(1상: 481~482; CW 35: 361~362).

그러나 이 인용문의 참뜻은, 부르주아지가 한편으로는 노동이 조직되는 공장제도를 열렬히 찬양하면서도 다른 한편으로는 사회 차원에서 노동을 조직하는 것에 대해서는 '그것은 사회 전체를 하나의 공장'으로 전환시키게 된다고 주장하면서 공장제도를 비난하는 것이, 마르크스가 보기에는 우습다는 이야기입니다. 따라서 '사회 전체＝하나의 공장'은 부르주아지의 주장을 마르크스가 인용하고 있는 셈입니다.

넷째 비판은 다음과 같습니다. "마르크스는 계획경제를 통해 생산력을 발전시키는 것에서 사회발전의 원동력을 찾았다. 이런 태도는 생산력의 발전이 결국 환경을 파괴한다는 사실을 인식할 수 없었던 그 당시의 역사적 제약을 가리키는 것이므로, 그의 사상은 훨씬 이전에 폐기되었어야 했다." 이 비판은 마르크스를 모르고 하는 이야기입니다. 마르크스는『자본론』제1권 제15장 제10절(대공업과 농업)에서 자본의 가치증식 욕심이 모든 부의 원천인 토지와 노동자를 파괴한다는 점과, '새로운 사회'가 등장하여 인간과 자연 사이의 신진대사를 인류의 완전한 발달에 적합한 형태로 체계적으로 재건할 수밖에 없다는 점을 분명히 밝혔습니다.

　　자본주의적 생산은…… 인간과 토지 사이의 신진대사를 교란한다. 즉, 인간이 식품과 의복의 형태로 소비한 토지 성분들을 토지로 복귀시키지 않고, 따라서 토지의 비옥도를 유지하는 데 필요한 자연적 조건을 교란한다. …… 자본주의적 생산은 신진대사의 유지를 위한 자연발생적 조건을 파괴한 뒤에야 비로소 신진대사를 사회적 생산을 규제하는 법칙으로서, 그리고 인류의 완전한 발전에 적합한 형태로 체계적으로 재건할 것을 절박하게 요구한다. ...... 자본주의적 농업의 모든 진보는 노동자뿐 아니라 토지를 약탈하는 방식의 진보이며, 일정한 기간에 토지의 비옥도를 높이는 모든 진보는 비옥도의 항구적 원천을 파괴하는 진보이다. ...... 자본주의적 생산은 모든 부의 원천인 토지와 노동자를 동시에 파괴한 뒤에야 비로소, 각종 생산과정들을 하나의 사회 전체로 결합하여 새로운 기술을 발전시키게 된다 (1하: 677~680; CW 35: 506~508).

4-3
'프롤레타리아트의 혁명적 독재'

『공산당 선언』은 진정한 이행기의 프롤레타리아트 독재에 관해 이야기합니다. 먼저 노동자계급을 지배계급의 지위로 상승시켜서, 지금까지 일반 대중이 민주주의적으로 요구했지만 자본가계급의 독재가 거부한 것을 모두 실시하라고 말하면서, 그 요구사항을 10가지 정도 나열합니다. 여기에서 주목해야 할 것은 요구사항 10가지는 이미 선진 자본주의국에서는 대체로 실시되고 있다는 사실입니다.

노동자계급에 의한 혁명의 첫 걸음은 프롤레타리아트를 지배계급의 지위로 상승시키는 것이고 민주주의 투쟁에서 이기는 것이다. 프롤레타리아트는 자신의 정치적 지배를 이용하여, 부르주아지로부터 모든 자본을 차례차례 빼앗고 모든 생산도구를 국가의 수중에, 즉 지배계급으로 조직된 프롤레타리아트의 수중에 집중하며, 총체적 생산력을 될 수 있는 한 빨리 상승시킨다. 이것은 물론 처음에는 소유권과 부르주아적 생산관계에 대한 독재적 침해에 의해서만, 이리하여 경제적으로는 불충분하고 유지될 수 없는 조치들에 의해서만 수행되지만, 이 조치들은 운동이 진행됨에 따라 자기 자신보다 더 나은 것으로 발전하면서 생산양식 전체를 변혁하기 위한 수단으로서 불가피한 것이 된다. 이런 조치들은 물론 나라에 따라 다를 것이다. 그러나 가장 선진적인 나라들에서는 다음과 같은 조치들이 일반적으로 적용될 것이다. ① 토지 소유의 폐지와 모든 지대는 공공의 목적에 사용. ② 고율의 누진 소득세. ③ 상속권 폐지. ④ 모든 망명자들과 반역자들의 재산 압류. ⑤ 국가자본과 배타적 독점권을 가진 국립은행을 통해 신용을 국가 수중에 집중. ⑥ 통신수단과 수송수단을 국가 수중에 집중. ⑦ 국가 소유의 공장과 생산수단의 확대. 공동의 계획에 따라 황무지의 개간과 토지의 개량. ⑧ 모두가 동등하게 노동에 참가. 특히 농업을 위한 산업군대 육성. ⑨ 농업과 공업의 결합. 인구를 더욱 균등하게 분산시켜 도시와 농촌의 차이를 점차적으로 제거. ⑩ 모든 아동을 공립학교에서 무상 교육. 현재 형태의 아동의 공장 노동 폐지. 교육과 산업생산의 결합. 등등(『저작선집』1: 420; CW 6: 504~505).

그리고 언제 프롤레타리아트 독재가 소멸하는가에 대해 다음과 같이 말합니다. 프롤레타리아트 독재가 노동자들과 자본가들을 해방시켜 '자유로운 개인'으로 되돌려놓으면 계급과 계급대립이 사라지기 때문에, 한 계급이 다른 계급을 억압하는 수단으로서의 '국가'는 존재할 이유가 없기 때문에 사라진다는 것입니다.

발전과정에서 계급적 차이가 사라지고 모든 생산이 연합한 개인들의 수중에 집중되었을 때, 공권력은 정치적 성격을 상실하게 된다. 진정한 의미의 정치권력은 다른 계급을 억압하기 위해 한 계급이 조직한 힘이다. 프롤레타리아트는 부르주아지와의 투쟁 중에 필연적으로 계급으로 결합하고 혁명에 의해 스스로 지배계급이 되어 힘에 의해 낡은 생산관계들을 폐지하게 되면, 프롤레타리아트는 이런 낡은 생산관계들과 아울러 계급대립·계급일반의 존재조건들을 폐지하며, 이리하여 또 계급으로서의 자기 자신의 지배도 폐지하게 된다. 계급들과 계급대립을 가진 낡은 부르주아 사회 대신에 각인含人의 자유로운 발달이 만인의 자유로운 발달의 조건이 되는 연합[자개연]이 나타나게 된다(『공산당 선언』. 『저작선집』 1: 420~421; CW 6: 505~506).

마르크스는 혁명운동의 목표를 어디에 두었을까요? 이것은 1880년에 그가 구술한 「프랑스 노동자당 강령 전문」에 잘 나타나 있습니다. '생산자계급의 해방을 통해 인류 전체를 해방하는 것', '모든 생산수단을 생산자들의 집단에 반환하는 것'이 혁명운동의 목표였습니다.

생산자계급의 해방은 성이나 인종의 구별 없는 인류 전체의 해방인 것, 생산자가 자유로운 것은 생산수단을 소유하는 경우뿐인 것, 생산수단이 생산자의 것으로 될 수 있는 형태는 오직 두 가지인데, ① 개인적 형태 — 이 형태는 지금까지 현실에서 널리 존재한 적이 전혀 없고, 산업의 진보에 따라 점점 제거되고 있으며, ② 집단적 형태 — 이 형태의 물질적 요소들과 지적 요소들은 자본주의 사회의 발전 그것에 의해 형성되고 있다는 것, 이상의 것을 고려하여, 또 이 집단적 취득을 달성할 수 있는 것은 독립 정당으로 조직된 생산자계급, 즉 프롤레타리아트의 혁명적 행동뿐이라는 것,

이런 조직은 프롤레타리아트가 이용할 수 있는 모든 수단 — 지금까지는 속이는 도구였지만 지금은 해방의 도구로 전환된 보통선거를 포함하여 — 을 사용하여 투쟁해야 한다는 것,

이상의 것을 고려하여, 프랑스의 사회주의적 노동자들은, 경제영역에서는 모든 생산수단들을 집단에 반환하는 것을 자기들의 노력의 목표로 삼으면서, 아래와 같은 최소강령을 가지고 조직화와 투쟁의 수단으로 선거에 참가하기로 결정하였다(CW 24: 340).

그런데 위의 「프랑스 노동자당 강령 전문」은 『1861~1863년 초고』와 『1861~1864년 초고』에 있는 다음 문장들과 완전히 일치합니다.

자유로운 노동이 기초가 되는 것에 관해 말하면, 이것이 가능한 것은 노동자들이 자기의 생산조건들의 소유자인 경우뿐이다. 자유로운 노동은 자본주의적 생산의 틀 안에서는 사회적 노동으로 발전한다. 따라서 노동자들이 생산조건들의 소유자라고 말하는 것은, 생산조건들이 사회적으로 된 노동자들의 것이고, 그들은 사회적으로 된 노동자로서 생산을 행하며, 그들 자신의 생산은 그들에 의해 공동으로 제어되고 있다는 것과 마찬가지 의미이다(『1861~1863년 초고』. CW 32: 528).

이 노동에 대한 자본가의 타인소유[자본가에 의한 타인 노동의 소유]가 폐기될 수 있는 것은, 오직 그것의 소유가 자립적 개별성의 개별자가 아닌 사람의 소유, 즉 연합한 사회적 개인의 소유로 전환하는 것에 의해서이다(『1861~1864년 초고』. CW 34: 109).

첫째, 「강령 전문」의 "생산자가 자유로운 것은 생산수단을 소유하는 경우뿐이다" = 『1861~1863년 초고』의 "자유로운 노동이 기초가 될 수 있는 것은 노동자들이 자기의 생산조건들의 소유자인 경우뿐이다". 둘째, 「강령 전문」의 "집단적 형태의 물질적 요소들과 지적 요소들은 자본주의 사회의 발전 그것에 의해 형성되고 있다" = 『초고』의 "자유로운 노동은 자본주의적 생산의 틀 안에서는 사회적 노동으로 발전한다". 셋째, 「강령 전문」의 "프랑스의 사회주의적 노동자들은, 경제영역에서는 모든 생산수단들을 집단에 반환하는 것을 자기들의 노력의 목표로 삼는다" = 『초고』의 "노동자들이 생산조건들의 소유자라고 말하는 것은, 생산조건들이 사회적으로 된 노동자들의 것이고, 그들은 사회적으로 된 노동자로서 생산을 행하며, 그들 자신의 생산은 그들에 의해 공동으로 제어되고 있다는 것".

결국, 마르크스는 혁명운동의 목표를 생산자계급의 해방을 통해 인류 전체를 해방하는 것에 두었습니다. 그리고 생산자계급을 해방하기 위해서는 생산자계급이 생산수단을 소유해야 하는데, 자본주의 사회의 발전은 생산자계급으로 하여금 생산수단을 집단적 형태로 소유하게끔 만들었다고 봅니다. 따라서 노동자계급은 모든 수단을 사용하여 생산수단의 집단적 소유를 실현해야 한다는 것입니다.

4-4
노동은 희생이 아니다

진정한 이행기에는 일할 수 있는 개인은 모두 사회적 노동에 참가해야 합니다. 이것이 '사회적 의무'인 이유는, 고급교육을 받은 개인들에게 무위도식하지 말고 타인과 사회에 기여하는 것을 가르치기 위해서이고, 자본주의 사회의 특권층과 특권의식을 제거하기 위해서이며, 노동하는 개인들의 긴 노동시간을 단축하여 그들에게 개인의 다양한 개성과 능력을 개발할 수 있는 시간을 주기 위해서이고, 노동이 희생이 아니라 생명의 욕구라는 새로운 노동관을 확립하기 위해서이며, 그리고 '각자는 능력에 따라' 노동한다는 자개연의 '요구'를 각 개인이 교육·전통·관습에 의해 자명한 자연법칙으로 인정하도록 하기 위해서입니다.

인간생활의 본질은 주체로서의 인간 개인이 대상을 목적의식적, 합목적적으로 변혁하는 활동, 즉 실천입니다. 인간은 실천을 통해 목적을 달성함으로써 자기의 욕구를 충족시킵니다. 이리하여 인간이 행하는 모든 실천적 활동 중에서 노동 그것이 가장 근본적인 실천입니다. 따라서 목적을 달성하는 것에 의해 욕구를 충족시키는 노동은 원래 인간에게는 기쁨의 원천이 되어야 하고, 매력 있는 것이어야 하며, 노동 그 자체가 생명의 욕구여야 합니다. 그런데 자본주의 사회에서 노동하는 개인들에게 노동이 '하지 않아도 좋다면 하고 싶지 않은 것'으로 된 것은, 자본 아래에 포섭된 노동이 먹고살기 위해 하지 않으면 안 되는 강제된 노동이었기 때문입니다. 이것이 '노동의 소외alienation of labour'인데, 마르크스는 26세(1844년)에 쓴 『경제학·철학 초고』에서 다음과 같이 노동의 소외를 명쾌하게 설명합니다.

무엇이 노동의 소외를 구성하는가? 첫째로 노동이 노동자에게 외부적인 것, 즉 자기의 본질에 속하지 않는다는 것이고, 이 때문에 노동자는 자기의 노동에서 자기를 긍정하는 것이 아니라 부정하며, 행복을 느끼는 것이 아니라 불행을 느끼고, 육체적·정신적 에너지를 자유롭게 발휘하는 것이 아니라 육체를 쇠약하게 하고 정신을 황폐하게 만든다. 따라서 노동자는 노동 바깥에서야 비로소 자신과 함께 있다고 느끼며, 노동에서는 자신을 떠나 있다고 느낀다. 노동자는 노동하지 않을 때 편안하고 노동할 때는 편안하지 않다. 그러므로 그의 노동은 자발적인 것이 아니라 강요된 것, 강제노동이다. 그의 노동은 어떤 욕구를 충족시키는 것이 아니라, 노동 밖에 있는 여러 가지 욕구를 충족시키는 수단에 지나지 않는다. 노동의 소외성은, 육체적 강제나 기타 강제가 없어지면 노동을 흑사병처럼 멀리한다는 점에 분명히 나타난다. 외부적인 노동, 즉 인간이 자기를 소외시키는 노동은 자기 희생의 노동이고 고통스러운 노동이다. 끝으로, 노동자에게 노동의 외부적 성격은, 노동이 자기 자신의 것이 아니라 타인의 것이라는 사실, 노동이 자기에게 속하는 것이 아니라는 사실, 그리고 노동 중에서 노동자는 자기 자신보다는 오히려 타인에게 속하는 사실에서 드러난다. 종교에서 인간의 상상력, 인간의 두뇌, 인간의 심장의 자기 활동이, 개인으로부터 독립하여 소원한 신 또는 악마의 활동으로서 개인에게 영향을 미치듯이, 노동자의 노동은 자발적 활동이 아니라 타인의 것이며 따라서 자기 자신의 상실이다(『경제학·철학 초고』. 『저작선집』 1: 75~76; CW 3: 274).

자본가 밑에서 하는 노동이 강제적이고 착취적이고 노동자 자신을 위한 노동이 아니라 자기의 적enemy인 자본가의 치부를 위한 노동이어서 "노동할 때는 편안하지 않다"는 사실 때문에, 노동은 원래부터 그런 것이라는 관념이 개인들의 의식에 확고하게 자리 잡고 있습니다. 이것의 전형적인 이론적 표현이 애덤 스미스가 말하는 "노동은 희생이다"는 희생설입니다. 스미스는 『국부론』(1776년 발간)에서 다음과 같이 말합니다.

동등한 양의 노동은 때와 장소를 가리지 않고 노동자에게는 동등한 가치가 있다고 말할 수 있을 것이다. [왜냐하면] 노동자는 자기의 건강 · 체력 · 혈기의 보통 상태에서는, 그리고 숙련 · 기교의 보통 정도에서는, 동등한 양의 노동에 대해 동일한 분량의 안일 · 자유 그리고 행복을 희생해야만 하기 때문이다(『국부론』. 상: 41).*

스미스의 희생설에 대해 마르크스는 "노동이 생명의 욕구일 수 있다"고 비판합니다.

너는 이마에 땀을 흘려야 먹을 것을 찾으리라!' 여호와가 아담에게 내린 저주였다. 그리하여 애덤 스미스는 노동을 저주라고 생각한다. 스미스에게는 '안식'은 심신에 적합한 상태이고 '자유' 및 '행복'과 동일한 것으로 나타난다. 개인은 '자기의 건강 · 체력 · 혈기의 보통 상태에서는, 그리고 숙련 · 기교의 보통 정도에서는' 안식의 중단과 정상적 양의 노동을 원한다는 것을 스미스는 전혀 생각하지 못하고 있다. 물론 노동의 양 그것은 달성해야 할 목적과, 이 목적의 달성을 위해 노동을 통해 극복해야 할 여러 가지 장애에 의해 외부적으로 결정될 것이다. 그러나 이런 장애의 극복 그 자체가 자유의 실증이라는 것, 그리고 더욱이 외부의 목적이 노동에 의해 단순한 외부의 자연필연성이라는 외관을 버리고 개인 자신이 처음 제기한 목적으로 상정된다는 것, 이리하여 이 목적이 주체의 자기실현과 대상화로서, 나아가 현실적 자유로 규정되고, 이 현실적 자유의 행동이 바로 노동이라는 것 — 이런 것들을 스미스는 전혀 모르고 있다(『정치경제학비판 요강』. CW 28:

• 이처럼 노동의 크기가 시간과 장소를 불문하고 분명히 확정된다고 생각하여, 스미스는 노동량을 상품 가치의 척도로 삼은 것입니다.

529~530).

마르크스는 『국제노동자협회 창립선언』에서 "임금노동은…… 자발적 손과 임기응변적 지식과 즐거운 마음으로 자기의 일을 수행하는 연합한 노동에게 자리를 물러주고 소멸할 운명에 있다"(CW 20: 11)고 썼습니다. 이것이 실현될 수 없는 유토피아이고 지나친 낙관이라고 보는 것은, 현대 사회의 노동하는 개인들의 노동관과 인간관이 임금노동 하의 노동소외와 인간소외에 의해 왜곡되었기 때문입니다. 노동하는 개인들이 이런 왜곡된 노동관을 가지지 않을 수 없는 자본주의 사회로부터, 노동하는 개인들이 노동을 '일차적인 생명욕구'로 느끼는 노동관을 가져야 하는 자개연에 이르기까지, 변혁 주체인 개인들은 매일 환경을 변혁할 뿐 아니라 자기 자신을 변혁해야 할 것입니다.

4-5
노동력의 상품화가 시장경제의 핵심이다

시장이란 가격에 의해 생산 전체를 규제할 수 있는 상품의 매매 장소입니다. 상품의 수요·공급의 변동에 따라 시장가격이 시장생산가격(=비용가격+평균이윤)보다 높아지거나 낮아짐으로써, 사회적 총노동 중 각 상품의 생산에 종사하는 노동의 양이 변동하고, 이리하여 사회적 총노동이 사회가 필요로 하는 생산물량의 생산에 적합한 비율로 각 생산부문에 배분되는 기능을 시장이 담당합니다. 그리고 각 노동부문의 노동량의 변동은, 가치증식을 목적으로 하는 자본의 생산부문 사이의 이동과 이것에 따라 일어나는 각 부문의 노동수요 변동에 의해 일어납니다.

진정한 이행기에는 노동하는 개인들은 자본가로부터 생산수단을 빼앗아 자기의 것으로 삼아, 자기의 생산물을 생산하는 생산자로 됩니다. 다시 말해 그들은 노동조건들로부터 분리되어 있던 상태를 끝장내고, 나아가서 자기의 잉여노동을 타인이 착취할 수 없게 됩니다. 그들이 노동력을 상품으로 판매하지 않기 때문에, 노동력의 매매, 따라서 노동시장은 사라집니다. 사회적 생산물을 생산하는 생산자는 연합한 개인들밖에는 없습니다. 그들 자신이 무엇을 얼마나 생산하는가는 사회적 욕구의 충족이라는 목적을 기준으로 그들 자신이 스스로 결정하게 됩니다. 물론 전국적 규모에서 다양한 생산자들의 연합이 모여 4-2에서 말한 '계획'을 세우고 계획에 따라 생산하게 될 것입니다.

　자본주의적 생산의 폐기에 따라, 임금노동자는 소경영처럼 자기의 생산수단을 가진 '소상품생산자'로 된다고 생각하는 것(이른바 '소부르주아 사회주의')은 시대착오적 망상입니다. 이런 망상은 "자본주의 시대의 성과 ─ 협업 그리고 토지를 포함한 모든 생산수단의 공동점유"(1하: 1050)를 완전히 무시하는 것이고, 역사의 수레바퀴를 역전시키는 반동적입니다. 왜냐하면 스스로 자급자족하다가 남는 것은 타인에게 파는 소상품생산 사회에서는 상품과 화폐가 잔존하게 되고 결국에는 가치증식을 도모하는 자본도 부활하게 될 것이기 때문입니다. 마르크스는 소부르주아 사회주의를 다음과 같이 평가합니다.

[소부르주아] 사회주의는 현대적 생산조건들의 모순을 매우 날카롭게 해부했으며, 경제학자들의 위선적 변명을 폭로했다. 이런 사회주의는 기계와 분업의 비참한 효과, 자본과 토지가 소수의 손에 집중하는 것, 과잉생산과 공황을 반박할 여지 없이 증명했고, 소부르주아지와 농민의 필연적 몰락, 생

산의 무정부성, 부의 분배상의 심한 불균등, 국가들 사이의 산업적 파괴전쟁, 오랜 도덕적 유대와 오랜 가족관계 및 오랜 국민성의 붕괴를 지적했다. 그러나 이런 형태의 사회주의는 이것의 적극적 목표 중에는 옛날의 생산수단과 교환수단을 부활시켜 이것들과 함께 옛날의 소유관계와 옛날의 사회를 재건하려고 한다거나, 현대적 생산수단과 교환수단을, 이것들에 의해 폭파되었거나 폭파되지 않을 수 없는 옛날의 소유관계의 틀 안에 억지로 밀어 넣으려고 한다. 어느 경우이든 이 사회주의는 반동적이고 공상적이다 (『공산당 선언』. 『저작선집』 1: 423~424, CW 6: 509~510).

자본주의적 생산이 사라진 곳에서 시장이 형성되기 위해서는, 다수의 '연합'이 각각 다른 상품종류를 생산하여 서로 매매하는 경우를 상정할 수밖에 없습니다. 다수의 연합이 무엇을 얼마나 생산하는가를 계속 변동하는 시장가격을 기준으로 자율적으로 결정하여 각각의 상품량을 시장에 출하하게 될 것입니다. 이때 가격이 등락하면 각각의 연합이 생산량을 증감하게 될 것인데, 생산량의 증감은 구매하는 생산수단과 노동력의 양을 증감시키는 것을 의미할 것입니다. 그런데 이 경우 노동력의 양을 증감하는 것은 노동시장이 존재하지 않는 상황에서는 불가능하다는 점입니다. 따라서 연합 간·생산부문 간 노동력의 이동은, 각 연합이 독립하여 자율적으로 의사결정을 하는 한, 각 연합 상호 간의 사적 교섭에 의해 행할 수밖에 없을 것입니다. 결국 노동하는 개인들의 의사와 의지를 무시하고 연합이 그들의 이동을 강제하게 되면, 이런 연합은 이미 자유로운 개인들의 '연합'이라고 부를 수가 없을 것입니다. 제6장에서 자세히 설명할 것이지만, 옛날 소련경제를 전형으로 하는 '중앙지령형 통제경제'에서는 국가가 세운 계획을 실현하기 위해 국가가 동원한 노동하는 개인들은 사실상 국가에 노동력을 파는 임금노동자 또는 노예에 지나지 않았습니다.

자본주의 사회에서 상품생산이 '일반적으로' 된 것은, 노동하는 개인들이 자기가 점유하여 자급자족하고 있던 토지로부터 쫓겨나서, 모든 필요한 물건들을 시장에서 구매하지 않을 수 없게 되었기 때문입니다. 따라서 상품생산과 시장은 노동력의 상품화를 필수조건으로 요구합니다. 흔히들 이야기하는 '시장사회주의'나 '사회주의적 상품생산'은 마르크스의 관점에서는 사회주의를 가리키는 것이 아니며 완전한 '형용모순'입니다. 물론 진정한 이행기에 모든 자본을 한꺼번에 노동하는 개인들의 공동 소유로 전환할 수 없는 경우가 생기게 되면, 독점적 대자본에서 시작하여 순차적으로 공동 소유로 전환하게 될 것이고, 이에 따라 자본주의적 시장도 매우 좁은 범위에서는 계획과 함께 존재하게 될 것입니다.

4-6
몇 개의 당면과제

이행기에는 연합한 개인들이 환경을 변혁하는 과정에서 자기 자신의 사회적 의식과 능력도 변화하게 되는 끊임없는 상호작용을 통해, 새로운 사회인 '자유로운 개인들의 연합'에 점점 더 접근하게 될 것입니다. 이 장에서는 자개연의 구성 원리를 설명하면서 이행기의 과제를 이야기했습니다. 이 장의 결론 부분인 여기에서는 정치혁명과 경제혁명을 추진하는 세력들이 직접적으로 당면하는 과제들을 좀 더 알기 쉽게 나열해보겠습니다(大谷禎之介, 2011: 135~138).

첫째로 자개연에서는 노동하는 개인들이 모든 노동조건들에 대해 공동으로 자기의 것으로 상대하기 때문에, 생산수단이든 소비수단이든 사회적 생산물을 사회의 일부 사람들이 '배타적'으로 처분·사용하는 것을 완전히 없애야 합니다. 이 기초 위에서, 생산물이 상품형태를 취해 가치에 따라 교환되는 상품교환이 없어져야 하고, 이에 따라 일반적 등가물인 화폐와 시장이 완전히 사라져야 합니다. 이행기에 이렇게 하지 않으면, "공동의 생산수단으로 노동하고 모든 개인적 노동력을 하나의 사회적 노동력으로 의식적으로 지출하는 자유로운 개인들의 연합"이 성립할 수 없기 때문입니다. 둘째로 상품생산이 사라지기 때문에, 생산자들 사이의 사회적 관계가 상품들 사이의 관계로 나타나는 것이나, 상품교환이라는 표층이 생산이라는 심층을 왜곡하는 것도 사라지게 됩니다. 이에 따라 물신숭배fetishism도 사라지게 될 것이지만, 개인들의 잘못된 의식인 물신숭배는 상품생산이 소멸한 뒤에도 오랜 시간에 걸쳐 점차로 사라질 것이므로, 전반적 교육활동이 크게 필요하게 됩니다.

셋째로 노동력의 상품화, 그리고 노동시장이나 임금도 소멸하지 않으면 안 되기 때문에, 모든 개인에게 생활수단으로서 일정한 수량의 재화와 서비스가 '일정한 기준'에 따라 공급될 수밖에 없을 것입니다. 이 문제는 제5장에서 다시 논의할 것입니다. 개인들의 노동이 타인을 위한 노동으로 되지 않고, 따라서 노동 소외의 근원이 사라지기 때문에, 노동과정에서 개인들이 자발적으로 헌신적으로 즐거운 마음으로 노동해야 할 것입니다. 그러나 노동은 '희생'이라는 의식이 아직 남아 있을 것이므로 '노동에 따른 분배'를 통해 노동을 개인의 욕구나 활동으로 전환시켜야 할 것입니다. 넷째로 개인들이 노동에서 자기의 개성을 전면적으로 발달시키려면, 노동의 분할division of labour, 즉 분업이 고정되어서는 안 되고 탄력적인 것으로 되지 않으면 안 됩니다. 동시에 그들이 행하는 노동의 구체적 형태에 대한 등급의식도 사라지지 않으면 안 됩니다.

다섯째로 개인들에게 노동이 욕구가 되고 활동으로 전환하더라도 노동은 아직도 그들 '생활의 필요'를 충족시키는 수단이 되는 것을 벗어나지 못합니다. 그들이 노동 이외의 영역에서 자기의 개성을 전면적으로 발달시키기 위해서는 노동시간의 큰 단축이 필요합니다. 따라서 노동시간 그 자체가 단축될 수 있을 만큼 사회적 생산력이 발전하지 않으면 안 되며, 또한 단축된 노동시간으로 말미암아 점점 더 다양화하는 욕구들을 충분히 충족시킬 만큼 사회적 생산력이 향상되지 않으면 안 됩니다. 이 생산력의 발전은, 인간이 점점 더 발전하는 과학을 응용하여 자기의 환경인 자연을 제어하게 되는 것을 가리킵니다. 일곱째로 자개연을 주체적으로 형성하는 것은 자유로운 개인들이기 때문에, 거기에는 처음부터 사회의 일부 개인들이나 그룹이 다른 개인들을 사회적으로 차별하거나 억압하는 일은 있을 수 없고 어떤 계급적 차별이나 민족적 대립과 억압도 사라지지 않으면 안 됩니다.

이상에서 살펴본 이행기의 과제들이 해결되어, 노동하는 개인들이 모든 생산수단을 자기의 것으로 상대하는 것, 노동력의 상품화가 사라지는 것, 노동을 희생으로 생각하지 않고 자기의 목적을 실현하는 수단으로 파악하는 것, 모든 분야에서 특권 의식과 물신숭배를 제거하는 것, 사회의 모든 생산수단과 노동력을 계획에 따라 사용하여 모든 개인들의 필요와 욕구를 충족시키는 것 등이 '교육·전통·관습'에 의해 모든 개인들이 자명한 '자연법칙'으로 인정하게 되어야만 이행기가 자기의 사명을 다하게 될 것입니다.

진정한 이행기의 과제들이 해결되지 않는다면, 또는 프롤레타리아트의 혁명적 독재가 그것들을 해결하는 방향으로 의식적으로 노력하지 않는다면, 그 사회는 자본주의 사회를 타도하고 새로운 사회인 자유로운 개인들의 연합으로 가는 이행기의 사회라고 인정할 수가 없습니다. 제6장에서 보는 바와 같이, 볼셰비키혁명을 거친 소련사회가 네프NEP를 거치면서 자본주의적 요소들을 부활시키고 농업집단화와 중공업발전계획을 통해 노동하는 개인들을 자유도 없는 임금노동자로 전환시킬 때, 소련사회는 자유로운 개인들의 연합을 지향하는 사회가 아니라, 국영기업과 정치적 독재를 앞세워 임금노동자를 착취함으로써 경제발전을 촉진하는 자본주의 사회라고 판단하지 않을 수 없게 된 것입니다.

*** 더 읽을 거리 & 토론 거리

진정한 이행기를 거치다가 자본주의로 후퇴한 소련, 현재 진정한 이행기를 거치고 있다고 생각되는 쿠바와 베네수엘라에 관한 책을 읽으면 매우 좋을 것입니다.
이 책의 제6장에는 소련에 관해, 그리고 제7장에는 베네수엘라에 관해 전체적인 조망을 제시하고 있습니다만, 더욱 자세한 혁명사를 읽는 것은 모두에게 새로운 사회에 대한 열정과 연구심을 불러일으킬 것입니다.

➲ 최근 제가 감수한 쿠바혁명에 관한 책 『체 게바라, 혁명의 경제학』(실천문학사, 2012)이 발간되었습니다. Helen Yaffe, *Che Guevara: The Economics of Revolution*(Palgrave Macmillan, 2009)을 류현이 번역한 것인데, 체 게바라가 1959~1965년에 쿠바에서 사회주의를 건설하기 위해 악전고투한 드라마입니다.

독일의 고타에서 라살 독일노동당과 아이제나흐 사회민주노동당이 '사회민주당'으로 합당하기 위해 만든 강령의 초안을 1875년 4월~5월 초에 마르크스가 비판한 것이 「고타 강령 초안 비판」입니다. 이 「비판」에는 진정한 이행기를 통과하여 자개연을 형성하는 것에 일단 성공한 이후의 자개연 자체의 단계적 발달에 관한 이야기가 있습니다. 공산주의 사회(또는 자개연)의 '제1단계'와 '보다 높은 단계'가 바로 그것입니다.

제 5 장

'자유로운 개인들의 연합'의
두 단계

공산주의 사회(또는 자개연)의 '제1단계'와 '보다 높은 단계'의 구분은 어떤 의미를 가질까요? 마르크스는 『자본론』 제3권 제47장(자본주의적 지대의 기원)에서 봉건사회의 발전을 '단계'로 구분한 적이 있습니다. 봉건사회가 이미 자본주의 사회로 전환한 것을 알고 있는 상태에서 봉건사회의 단계적 발전을 이야기하는 것이므로, 봉건사회가 성장하면서 어떤 단계를 거쳐 자본주의 사회로 전환하게 되었는가를 보여주는 것일 수밖에 없습니다. 마르크스는 봉건사회의 지배층이 직접적 생산자인 농노들의 잉여노동을 어떤 '형태'로 착취했는가를 기준으로 봉건사회를 단계 구분했습니다. 제1단계는 농노들의 잉여노동을 직접적 형태인 '부역노동'으로 착취했습니다. 1년 중 며칠을 영주의 직영지에 와서 노동하도록 강제한 것입니다. 제2단계는 농노들에게 '생산물'의 형태로 잉여노동을 취득했습니다. 농노는 자기가 '점유'하고 있는 땅과 모두가 사용할 수 있는 공유지에서 곡물과 가축을 키워서 영주가 요구한 생산물 목록을 공짜로 바친 것입니다. 제3단계는 농노들에게 1년에 일정한 '화폐' 금액을 바치게 했습니다. 농노가 생산물을 시장에서 팔아 화폐를 얻고 그 화폐로 일정한 금액을 영주에게 상납한 것입니다.

마르크스는 이런 단계적 발달을, 노동 지대 → 생산물 지대 → 화폐 지대로 묘사하고, 봉건사회에서 농노가 점점 봉건적 억압으로부터 벗어나서 자유로운 농민으로 성장·전환하는 과정이라고 말하고 있습니다. 물론 이런 지대의 형태 변화는 자급자족적 봉건사회 자체의 변화, 외부 세계와의 교류 확대, 그리고 영주의 이해관계에 의해 결정되었을 것입니다. 특히 화폐지대가 지배하고 있을 때, 외부로부터 화폐(금과 은)가 대량 유입하여 농산물의 가격이 폭등함으로써 농노들은 생산물 중 보다 작은 부분을 팔아 화폐 지대를 상납할 수 있었기 때문에, 점점 더 부유한 자영농민으로 성장하게 되었습니다. 이것이 봉건사회가 붕괴하는 경제적 과정이라고 보면 될 것입니다.

마르크스는 자본주의적 발달을 '단계'로 구분한 적이 없습니다. 그러나 봉건사회의 발전을 단계 구분한 기준인 '잉여노동의 취득형태'를 자본주의 사회에 적용할 수도 있을 것입니다. 예를 들면 산업자본이 이윤형태로 잉여노동을 직접적으로 착취하는 단계(제1단계), 금융적 자본이 이자를 통해 잉여노동을 간접적으로 취득하는 단계(제2단계), 그리고 국가권력이 세금을 통해 잉여노동을 간접적으로 취득하는 단계(제3단계)로 구분할 수도 있을 것입니다(파인·해리스, 1985: 제7장). 그런데 제3단계에서 '새로운 사회'로 전환하는 계기가 무엇인지가 분명하지가 않습니다. 엥겔스(1880)는 『유토피아에서 과학으로의 사회주의의 발전』에서 '공장에서의 계획성과 사회에서의 무정부성' 사이의 대립을 통해 자본주의 사회에서 점점 더 계획성이 증가하면서, 경쟁자본주의 → 독점자본주의 → 국가독점자본주의(국가와 독점자본의 유착)로 발전하다가 사회주의로 전환한다고 예측했습니다(『저작선집』 5: 459, 466~468). 엥겔스의 단계 구분은 새로운 사회의 특성을 '노동자와 모든 인간의 해방'이 아니라 '계획경제'에 초점을 맞추고 있기 때문에 마르크스의 기본 사상과 다르다는 문제점이 있습니다.*

그러면 공산주의 사회(또는 자개연)를 제1단계와 '보다 높은' 단계로 구분한 것의 의미는 무엇일까요? 첫째는 제1단계와 보다 높은 단계가 '동일한' 생산양식 — 이른바 '연합한 노동의 생산양식' — 안의 구분이라는 점입니다. 둘째는 공산주의 사회의 목적이 '각 개인의 최대한의 자유로운 발달'이기 때문에, '인간의 발달' 그리고 '노동형태의 발달'을 기준으로 삼아 공산주의 사회를 단계 구분한 점입니다. 셋째로 동일한 '연합한 노동'의 생산양식을 두 개의 단계가 아니라 그 이상의 단계로 구분할 수도 있을 것이고, 또한 자개연 이후에는 또 다른 '새로운 사회'가 탄생할 것입니다. 그러나 이런 단계와 사회는 과거와 현재의 연장선에서 사고할 수 없는 먼 미래의 상황이고 사회이므로 마르크스가 묘사하지 않았을 뿐입니다.

5-1
공산주의 사회의 제1단계

이 제1단계는 자본주의 사회로부터 진정한 이행기를 거쳐 바로 등장하는 자개연(또는 공산주의 사회)입니다. 물론 이 제1단계는 진정한 이행기에서 다음과 같은 것을 이룩한 뒤에 나타납니다. ① 노동하는 개인들의 연합이 모든 생산수단을 자기의 것으로 상대하여 공동으로 사용하고 있습니다.

---

* 소련의 스탈린은 엥겔스의 관점을 받아들여 계획경제의 실현을 사회주의의 가장 중요한 지표로 제시했습니다.

② 노동하는 개인은 자기 자신을 위해 노동하기 때문에 노동의 소외로부터 상당히 벗어났으며, 자발적으로 즐거운 마음으로 능력에 따라 노동하게 되었습니다. ③ 노동자와 노동조건들 사이의 통일이 재건되었기 때문에 노동하는 개인은 자기의 노동력을 상품으로 팔지 않아도 생활할 수 있습니다. 따라서 상품·화폐·자본은 사라지고 물신숭배의 근원도 없어졌습니다. ④ 일할 수 있는 모든 개인은 노동에 참여함으로써 타인들과의 소통과 연대를 도모하고 사회적 개인으로서 자기의 능력을 발달시키게 되었습니다. ⑤ 무상의 교육과 직업훈련을 통해 개인들이 과학기술과 이것의 응용에 익숙하게 됨에 따라 사회적 노동의 생산력은 크게 증가하고 있습니다. ⑥ 경제의 계획적 운영을 위해 각종 부문의 연합들이 상호 토론하여 계획을 세우고 집행하는 과정에서 협동심·단결력·연대감이 더욱 증대하여 생산자들의 연합이 질적으로 더욱 발달하게 되었습니다. ⑦ 이리하여 개인들이 타인과 자연에 대해 유적 존재로서의 인류의 입장에서 관계를 맺게 된 것입니다.

그러나 자개연의 제1단계에서는 아직도 자본주의 사회의 모반 birth-marks이 경제적·지적·도덕적 면에 남아 있어서 제1단계의 생산과 분배에도 영향을 미치고 있습니다. 예컨대 일할 수 있는 모든 개인은 '능력'에 따라 일하고, '노동성과'(또는 노동량)에 따라 분배를 받는다는 원칙이 바로 그것입니다. 이 원칙은 자본주의 사회의 평등원리, 또는 상품교환의 등가원리가 자개연에까지 연장된 것으로 볼 수 있습니다.

개별 생산자는 자기의 노동 이외에는 어떤 것도 사회에 줄 수 없으며, 개인적 소비수단 이외에는 어떤 것도 개인에게 주어지지 않습니다. 따라서 사회의 총생산물 중 '생산수단'은, ① 소모된 생산수단의 보충을 위해, ② 생산의 확장을 위해, ③ 사고나 자연재해 등에 의한 혼란에 대처하기 위해 사용될 것입니다(『저작선집』 4: 374; CW 24: 84). 그리고 사회의 총생산물 중 '생활수단'(또는 소비수단·소비재)은 개별 생산자에게 분배되기 전에 다음을 공제해야 합니다. ④ 생산에는 직접 참가하지 않지만 자개연을 관리하는 사람들을 위한 재원, ⑤ 학교·병원·교통 등 공동 소비를 위한 부분, ⑥ 노동할 수 없는 사람들을 위한 재원(『저작선집』 4: 375; CW 24: 85).

사회의 총생산물에서 위의 ①~⑥을 빼면, 이제 자개연의 개별 생산자들에게 나누어 줄 생활수단이 남게 되는데, 이것이 자본주의 사회의 평등원리, 또는 상품교환의 등가원리에 따라 분배된다는 이야기입니다. 개별 생산자는 자기가 이러저러한 노동량을 제공했다는 증서를 사회로부터 받고, 이 증서에 의해 생활수단의 재고로부터 소비재를 찾아갑니다. 그는 어떤 형태로 사회에 준 노동에 비례하여 다른 형태로 노동을 되받는 셈입니다.•

그런데 마르크스는 노동성과 또는 노동량에 따른 분배는 '진정한 평등'이 아니라고 말합니다. 왜냐하면 동일한 노동시간에 개별 생산자들은 자기의 '불평등한 소질'로 말미암아 '상이한' 노동량을 수행하기 때문이며, 또한 '동일한' 노동량에 대해 '동일한' 규모의 소비재를 받는 생산자들은 가족 수에 따라 '상이한' 생활수준을 누릴 수밖에 없기 때문입니다. 그러나 생산자들이 아직도 부르주아적 평등원리에 익숙한 제1단계에서는 노동량에 따른 분배 이외의 기준으로 소비 몫을 정할 수가 없습니다. 마르크스는 다음과 같이 말합니다.

생산자의 권리는 그가 제공하는 노동에 비례하며, 평등은 동일한 척도인 노

• 마르크스가 이야기하는 것은, 위의 ④~⑥을 위한 것을 뺀 생활수단의 총량을 생산자들이 생산수단과 생활수단의 생산에 지출한 '노동량'에 따라 분배한다는 것입니다.

동에 의해 측정된다는 사실에 있다. 그러나 어떤 사람은 육체적으로나 정신적으로 다른 사람보다 뛰어나서, 동일한 시간에 더 많은 노동을 제공하거나, 더 긴 시간을 노동할 수 있다. 노동이 척도가 되려면 노동의 계속시간이나 강도가 규정되어야 하며, 그렇지 못하면 측정의 척도가 되지 못한다. 이런 평등한 권리는 동등하지 않는 노동에 대해서는 불평등한 권리이다. 여기에서는 각 개인은 다른 사람과 마찬가지로 노동자일 뿐이므로, 평등한 권리는 계급 차이를 승인하지 않지만, 암묵적으로 개인의 불평등한 소질을 인정하고 따라서 노동자의 생산능력을 타고난 특권으로 인정한다. 이리하여 평등한 권리는 모든 권리가 그렇듯이 내용에서는 불평등한 권리가 된다. 평등의 핵심은 그 본성상 동일한 척도의 적용에 있을 수밖에 없으며, 동등하지 않는 개인들(만약 그들이 동등하다면 서로 다른 개인이 아닐 것이다)을 동일한 척도에 의해 측정할 수 있는 것은, 오직 그들을 동일한 관점 아래에서 어떤 특정한 측면에서만 파악하는 한에서이다. 예컨대 위의 경우 개인들은 오직 노동자로서만 간주되고 다른 모든 것은 도외시되고 있다. 그러나 노동자로서도 어떤 노동자는 결혼했고 다른 노동자는 결혼하지 않았고, 어떤 노동자는 다른 노동자보다 아이들을 더 많이 가지고 있다, 등. 이리하여 동일한 작업을 수행하고 따라서 사회의 소비재원으로부터 동일한 몫을 가져가더라도, 어떤 사람은 다른 사람보다 더 많이 받을 수 있고 어떤 사람은 다른 사람보다 더 부유할 수가 있다, 등. 이런 결함들을 피하기 위해서는 권리는 평등하기보다는 불평등해야만 할 것이다.

그러나 이런 결함들은 오랜 진통 끝에 자본주의 사회로부터 갓 태어난 첫 단계의 공산주의 사회에서는 불가피하다. 권리는 사회의 경제적 구조와 이것에 의해 결정되는 문화적 발전보다 결코 높을 수가 없다(「고타 강령 초안 비판」. 『저작선집』 4: 375~377; CW 24: 85~87).

그런데 자개연(또는 공산주의 사회)의 제1단계에서 "각인은 능력에 따라 일하고, 각인에게는 노동성과에 따라 분배한다"는 원리는 노동하는 개인들에게 생활을 위해 노동을 해야 한다는 것을 강조하고 있습니다. 또한 이 원리는 소외된 노동의 기억을 가진 개인들이 노동을 싫어할까 걱정이 되어, '노동성과에 따라 분배'함으로써 '능력에 따라 더욱 열심히 일하는 것'을 독려하는 의미도 가지고 있습니다. 그러나 이런 노동형태 아래에서도 제1단계의 자개연은 과학기술의 발달로 자연과 인간 사이의 신진대사를 더욱 과학적으로 파악하여 자연을 훼손하지 않으면서 자연을 이용하며, 사회적 개인들의 능력을 전면적으로 발달시키고, 이리하여 개인적·사회적 생산력을 크게 증가시키게 될 것입니다. 마르크스는 부wealth를 증가시키는 요소들로서 '개인의 욕구·능력·향락·생산력 등의 보편성', '자연의 힘들에 대한 인간 지배의 완전한 발전', 그리고 '인간의 모든 힘 그 자체의 발달'을 지적하면서, 자개연에서는 이런 요소들이 최고로 발달할 수 있기 때문에 부 그 자체도 크게 증가한다고 말합니다.

편협한 부르주아적 형태를 벗어버리면, 부는 실제로 보편적 교환에 의해 만들어진 개인의 욕구·능력·향락·생산력 등의 보편성이 아니고 무엇이겠는가? 부는 자연의 힘들 — 이른바 자연Nature이 가진 힘과 인간 자신의 자연이 가진 힘 — 에 대한 인간 지배의 완전한 발전이 아니고 무엇이겠는가? 부는 앞선 역사적 발전 이외에는 아무것도 전제하지 않고 인간의 창조적 소질을 절대적으로 발휘하게 하는 것이 아니고 무엇이겠는가? 그런데 이 역사적 발전은 기존 척도로는 측정되지 않는 인간의 모든 힘 그 자체의 발달을 목적 그 자체로 삼게 된다. 이리하여 인간은 자기 자신을 어떤 규정성에 따라 재생산하지 않고 자기의 총체성을 생산하며, 인간은 이미 생성된 어떤 것에 머무르지 않고 생성의 절대적 운동의 와중에 있게 된다(『정치경제학 비판 요강』, 백의 2: 112~113; CW 28: 411~412).

5-2
공산주의 사회의 '보다 높은' 단계

1) '자기 발로 서는' 자개연

제1단계를 거친 '보다 높은' 단계의 공산주의 사회를 마르크스는 다음과 같이 묘사하는데, 이 사회는 '자기 발로 서는' 공산주의 사회, '진정한'* 자개연이며, 이때부터 인간 개인의 유적 존재로서의 '인류'는 '새로운' 역사를 쓰기 시작한다고 찬양한 바 있습니다.

공산주의 사회의 더 높은 단계에서는, 즉 개인이 분업에 복종하는 예속적 상태가 사라지고 이와 함께 정신노동과 육체노동의 대립이 사라진 뒤, 노동이 생활을 위한 수단일 뿐 아니라 생명의 일차적 욕구로 된 뒤, 그리고 개인들의 전면적 발전에 따라 생산력도 성장하고 공동의 부의 모든 샘들이 더욱 풍부하게 흘러넘친 뒤에, 비로소 부르주아적 권리의 편협한 한계가 완전히 극복되고 사회는 자신의 깃발에 다음과 같이 쓸 수 있게 된다. 각자는 능력에 따라, 각자에게는 필요에 따라! From each according to his abilities, to each according to his needs!(「고타 강령 초안 비판」, 『저작선집』4:

• 마르크스는 자본주의적 생산방식은 '매뉴팩처'(즉 자본과 임노동에 의거한 '수공업')에서 시작하지만, '진정한specific' 자본주의적 생산방식은 임금노동자를 '실질적'으로 종속시키는 기계의 발명과 도입으로부터 시작한다고 말합니다. 김수행(2011: 132).

377; CW 24: 87).

위에서 보듯이, 마르크스는 자개연의 '보다 높은 단계'는 제1단계와는 다음과 같은 점에서 다르다고 말합니다. ① 개인이 교육과 훈련을 통해 전면적으로 발달했기 때문에, 그리고 새로운 산업이 계속 등장하기 때문에, 개인이 하나의 분야와 하나의 직업에 묶여 있을 필요(즉 노동분업 division of labour)가 없어지고, 정신노동과 육체노동 사이의 구분·대립이 사라집니다. 개인들이 무슨 일이라도 잘할 수 있을 만큼 전면적으로 발달하며, 여기에서 노동의 소외가 실질적으로 사라집니다. ② 개인들이 생활을 위해 노동할 뿐 아니라 생명의 일차적 욕구로 노동하게 됩니다. 왜냐하면 사회의 생산력이 너무 빨리 발전하여, 모든 사람의 필요와 욕구를 충족시킬 만큼 생산을 증가시킬 뿐 아니라 모든 사람에게 자유롭게 처분할 수 있는 여유시간을 증가시키기 때문입니다. 개인들은 여유시간에 자기의 개성을 발달시키는 일에 전념하다가, 노동시간에는 함께 모여 사회의 필요와 욕구를 충족시키는 일에 종사하게 될 것입니다. ③ 사회의 생산력이 성장하여 공동의 부의 모든 원천이 더욱 풍부하게 흘러넘치기 때문에, 각인은 능력에 따라 일하고, 각인에게는 필요와 욕구에 따라 생활수단이 분배될 수 있습니다. 여기에서 '노동성과'에 따른 부르주아적 분배가 내포한 불평등이 사라지고, 진정한 의미의 평등원리가 실현되는 것입니다.

결국, '보다 높은' 단계의 자개연에서는 개인들이 생활수단의 분배에 신경을 쓰지 않고 능력에 따라 일한다는 점에서 한층 완성된 인간 개인이 나타난다고 말할 수 있을 것입니다. 또 다방면으로 발달한 능력을 가진 개인들이 능력에 따라 일하기 때문에, 모든 사람들이 자기의 필요와 욕구를 충족시키면서도 증가하는 여가시간을 누릴 수 있게 되는 것입니다. 이리하여 진정한 자개연에서는 연합한 개인들이 노동과 여가활용 등 실천을 통해 자기들의 능력을 함양하면서 자기들의 환경을 개선하는 선순환이 작용함으로써, 인간은 인류로서 진정한 역사를 개시하게 될 것입니다. 다시 말해 '자기 발로 서는' 자개연이 출현하게 된 것입니다. '자기 발로 선다'는 것은 자개연이 스스로를 재생산한다는 의미이며, 결코 자본주의 사회로 후퇴하지 않는 확고한 기반을 구축했다는 의미입니다.

2) 노동 소외의 최종적 폐기

제1단계에서 노동하는 개인들이 생산수단을 자기의 것으로 대하면서, 생산의 결과를 '대체로 평등하게' 분배함으로써• 노동의 소외가 상당히 사라졌습니다. 그러나 개인이 분업에 복종하는 예속적 상태와, 정신노동과 육체노동의 대립은 노동의 소외를 아직 남기고 있었습니다. 그런데 이제 분업을 사실상 폐기하고 정신노동과 육체노동의 구별을 없애게 되었기 때문에, 노동의 소외는 최종적으로 폐기되면서, 자개연은 '보다 높은 단계'로 들어가게 되는 것입니다. 그런데 이렇게 되기 위해서는, 모든 개인들이 동일한 수준까지 전면적으로 발달하여 어떤 종류의 작업을 '추첨'에 의해 맡더라도 동등한 능률을 올릴 수 있어야 할 것입니다. 따라서 제1단계의 과제 중 하나는 이와 같은 수준까지 노동하는 개인들의 능력을 개발하는 것입니다.

• 자본주의 사회에서는 생산수단의 소유 또는 금융자산의 소유에 따라 연간 생산물의 분배가 결정된 것에 비하면, 노동성과에 따른 분배는 '대체로 평등하게' 분배되는 것으로 볼 수 있다는 이야기입니다.

3) 생명의 욕구로서의 노동

자개연의 제1단계에서도 이미 임금노동은 사라지고 모든 개인의 노동은 직접적으로 사회적 필요를 충족시키는 사회적 노동이 되어 있습니다. 그러나 제1단계에서는 노동성과에 따라 생활수단을 분배 받는 부르주아적 평등원리 때문에, 각 개인에게는 여전히 자기의 노동은 '생활을 위한 수단'이 되고 있었습니다. '보다 높은' 단계에서는 각자가 받는 생활수단의 질과 양이 각자의 노동의 질과 양과 전혀 관계가 없게 되기 때문에, 각자가 노동하는 것은 노동하고 싶기 때문이거나, 또는 노동하지 않으면 심심하기 때문일 것입니다. 이것을 가리켜 노동은 '생명의 일차적 욕구'라고 말합니다. 달리 표현하면, 개인들은 '능력에 따라' 일해야 한다는 자개연 제1단계의 '요구'를 이제 '교육·전통·관습에 의해 자명한 자연법칙으로 인정하여 그렇게 하게 되었다'는 것을 가리킵니다. 엄청난 '인간성의 발달'입니다.

4) 노동능력의 비약적 확대와 생산력의 증대

진정한 자개연에서는 생산과 부의 기초는 '사회적 개인'의 발달입니다. 마르크스는 다음과 같이 말합니다.

> 노동자는 생산과정의 주된 작용인作用因[작용요소]이기를 멈추고 생산과정 옆에 서 있다. 이런 전환이 일어나자마자, 생산과 부의 주춧돌로 나타나는 것은, 인간 자신이 행하는 직접적 노동이나 그의 노동시간이 아니라, 그가 사회적 존재인 덕택으로 가능하게 된 자기 자신의 일반적 생산력의 취득,

자연에 대한 자기의 이해와 자연의 제어, 한마디로 말해 사회적 개인의 발달이다(『정치경제학 비판 요강』. CW 29: 90~91).

다시 말해 각 개인에게 자기의 필요와 욕구에 따라 생활수단을 분배할수 있을 정도로 사회적 노동의 생산력이 크게 발전하는 것은 개인들이 전면적·전체적·보편적으로 발달했기 때문입니다.

5-3
자개연의 목표: 각 개인의 최대한의 자유로운 발달

마르크스가 자개연의 제1단계와 '보다 높은' 단계를 구분한 기준은 생활수단의 분배방식이 아니라 '인간의 발달'과 '노동형태의 발달'이었습니다. '보다 높은' 단계에서 비로소 걸 수 있는 "각자는 능력에 따라, 각자에게는 필요에 따라!"라는 깃발도 단순히 생활수단의 분배방식을 가리키는 것이 아니라, 오히려 노동형태와 인간성이 최고도로 발달한 것을 가리킵니다. 인간 개인이 생활수단의 분배방식에는 관심을 가지지 않고 의식적·자발적으로 각자의 능력에 따라 노동하려 한다는 것이며, 이리하여 노동이 생활을 위한 수단이 아니라 첫 번째의 생명욕구로 되고 있다는 것입니다.

이렇게 최고도로 발달한 인간성과 노동형태를 기반으로 '각 개인의 최대한의 자유로운 발달'을 근본원리로 삼는 자개연(1하: 806; CW 35: 588), '각인의 자유로운 발달이 만인의 자유로운 발달의 조건이 되는 자개연'(『공산당 선언』. 『저작선집』1: 421; CW 6: 506)이 자기 발로 서서 인류의 새 역사를 열게 되는 것입니다. 그리고 '각 개인의 최대한의 자유로운 발달'은 또한 각 개인의 '풍부한 개성의 발달'(『정치경제학 비판 요강』. CW 28: 95)이기도 하므로, 생산과 소비가 다양하고 전면적인 성격을 띠게 되어 '만인의 자유로운 발달'을 이룩하게 됩니다. 이리하여 각 개인의 발달은 사실상 '사회적 개인의 발달'입니다.

이런 '풍부한 개성의 발달'과 '사회적 개인의 발달'을 포함하는 '각 개인의 최대한의 자유로운 발달'을 위해 실현하지 않으면 안 되는 조건이 바로 '개인적 소유의 재건'이었던 것입니다. 자본주의적 사적 소유의 폐기에 의해, 자본주의적 생산양식이 품고 있던 노동하는 개인들에 의한 생산수단의 공동 점유가 그들에 의한 '사회적 소유'로 실현되었습니다. 이제 사회적 소유를 전제한 위에서, 개인들은 생산수단을 자기의 것으로 상대하면서 자기의 개성을 최고도로 발휘하는 것이 '개인적 소유의 재건'이라고 보면 될 것입니다. '부정의 부정'의 논리에 따라 말하면, 최초에 부정된 개인적 소유에서는, 사적 소유이고 노동하는 개인이었던 직접적 생산자는 적어도 자기의 생산수단에 대해 자기 자신의 개성을 발휘하는 방식으로 관계를 맺을 수 있었습니다. 다시 말해 소경영은 노동하는 개인 자신의 자유로운 개성의 발달을 도모할 수 있는 '학교'였습니다. 자본주의적 생산양식은 노동하는 개인들로부터 노동조건들을 빼앗으면서 이 학교를 폐쇄한 것입니다. 이제 '개인적 소유의 재건'은 노동하는 개인들에게 이 학교를 반환하는 것이라고 보면 될 것입니다.

5-4
자개연은 비현실적 유토피아인가?

자개연은 현실적으로 존재할 수 없는 '이상적 인간'을 전제한 유토피아라는 비판이 큽니다. 이런 비판은 진정한 이행기와 자개연의 제1단계를 통과하더라도 우리 인간은 자본주의 사회의 인간과 전혀 다르지 않을 것이라고 굳게 믿기 때문입니다. 이런 비판의 주된 근거는, 인간은 자기의 '사적 이해관심'을 버릴 수 없기 때문에 유적 존재로서의 '인류의 관점'을 수용하지 않는다는 것과, 인간은 노동을 희생으로 생각하기 때문에 '능력에 따라' 노동하는 것을 거부한다는 것입니다.

자본주의 아래에서는 노동하는 개인들은 자기가 노동력 이외에는 가진 것이 하나도 없다는 사실 때문에, 그리고 자본이 인간을 착취하고 지배하고 있다는 사실 때문에, 자기 자신을 보호하기 위해 사적 이해관심을 가지지 않을 수 없었습니다. 그러나 인간은 자기 자신이라는 개별성뿐 아니라 인류라는 보편성을 가지고 있기 때문에, 자본주의 사회 안에서라도 보편적인 인간적 본성을 발휘하여 때때로 사적 이해관심을 포기하는 행동을 취하기도 합니다. 박정희 독재정권에 대항하다가 목숨을 바친 열사들, 이명박 신자유주의 정권의 야만스러운 탄압을 뚫고 촛불시위를 계속한 청소년들, 대자본의 불법 해고에 맞서 싸우는 노동자들과 시민들의 투쟁은 물론이고, 살기 어려운 서민과 빈민을 남몰래 돕고 있는 수많은 양심적 시민들을 생각하면, 인간이 항상 자기의 사적 이익만 챙긴다고 주장할 수가 없을 것입니다. 더욱이 연합한 개인들이 모든 생산수단과 노동력을 계획에 따라 공동으로 사용하여 생산하고 그 생산물을 합의에 따라 분배하는 자개연에서는, 개인이 사적 이해관심을 관철시켜 얻을 수 있는 사항들이 점차로 줄어들지 않을 수 없을 것입니다.

그리고 노동이 희생이라는 주장도 자본주의 사회의 소외된 노동에서 나온 관념이라는 것을 앞에서 밝혔습니다. 자본가의 지휘와 감독 아래에서 자본가를 위해 노동하지 않으면 안 되는 노동자들은 노동이 강제된 지루하고 재미없는 활동이라고 느낄 수밖에 없었습니다. 그러나 개인들이 자유롭고 평등한 타인들과 함께 생산수단을 자기의 것으로 공동으로 사용하고, 노동의 결과가 모두 자기들에게 돌아오는 자개연에서는, "자발적 손과 임기응변적 정신과 즐거운 마음으로 자기의 일을 부지런히 하게" 될 것이 아닙니까?

마르크스에 따르면, 인간 개인의 잠재력이 노동의 소외에 의해 자본주의 사회에서는 억압되었지만, 자개연에서는 인간 개인이 자기의 잠재력을 충분히 발휘할 수 있기 때문에 인간 사회가 더욱 다양하고 풍부하게 될 뿐 아니라 인간 개인은 타인과 자연을 유적 존재로서의 인류의 관점에서 상대하게 된다는 것입니다. 인류로서의 인간성이 완성되어가는 것과 환경이 인류의 발달을 위한 방향으로 변화해가는 것, 이 두 요소가 교호작용을 하면서 점점 더 나은 인간 사회가 만들어지리라는 희망을 가지면서 현실의 사회적 모순들을 타파하는 것이 마르크스의 '혁명적 실천'의 내용이라고 보아야 할 것입니다.

"인간의 본성은 전혀 변화하지 않기 때문에 자본주의 사회는 영구불멸하다"고 외치는 자본주의 옹호자는 인류의 역사에서 어떻게 자본주의가 탄생했는가를 설명할 수 없습니다. 인류사회는 처음부터 자본주의 사회였다고 말해야 하겠지만, 과거의 사회가 남긴 온갖 유물을 보면 그 사회가 자본주의 사회라고 쉽게 이야기할 수 없을 것이기 때문입니다.

➲ 최정규의 『이타적 인간의 출현』(개정증보판. 뿌리와이파리, 2009)은 인간의 본성에 이기성과 이타성이 동시에 있다고 보면서 이 두 개의 다른 성격의 충돌을 통해 인간의 본성이 진화하는 과정을 묘사하고 있습니다.
➲ 또한 헬렌 야페가 쓴 『체 게바라, 혁명의 경제학』(2012)에는 체 게바라가 쿠바의 혁명 초기에 사회적 노동생산력을 향상시키기 위해 노동하는 개인들에게 도덕적 인센티브와 물질적 인센티브를 현실적으로 어떻게 주어야 하는가를 처절하게 고민하고 있습니다.

1936년 스탈린(1879~1953)이 "소련은 이제 공산주의의 제1단계인 사회주의 사회에 진입했다"고 선언한 이래, 서방의 언론은 물론 서방의 좌파 지식인들도 소련 사회를 마르크스가 이론화한 공산주의 사회(또는 '자유로운 개인들의 연합')의 제1단계로 '간주'하기 시작했습니다. 그러나 공산주의 사회의 기본 특징인 노동자가 착취와 억압으로부터 해방된다는 것, 노동하는 개인들의 연합이 생산수단을 공동으로 소유하면서 스스로 경제계획을 세워 경제를 목적의식적으로 운영한다는 것, 노동력은 상품으로 매매되지 않으며 따라서 상품·화폐·자본이 사라진다는 것 등이 볼셰비키 혁명 이후 제대로 확립되지 않았다는 사실 때문에, '소련 사회＝공산주의의 제1단계'는 성립하기 어렵게 되었습니다.

제 **6** 장

소련 사회는 자본주의 사회였다

노동하는 개인들이 사회의 주인이 되어 착취와 억압을 제거한다는 기본
특징은, 국가가 경제개발과 전쟁수행과 치안유지를 위해 노동하는 개인
들을 '임금노예'로 착취하는 것으로 대체되었고, 노동하는 개인들이 생
산수단을 자기의 것으로 상대한다는 기본 특징은 생산수단의 '국가소유'
아래에서 당과 국가의 관료 — 이른바 노멘클라투라nomenklatura — 가 중앙
지령형 계획을 세워 생산수단과 노동력을 마음대로 사용하는 것으로 바
뀌었으며, 상품·화폐·자본이 사라진다는 특징은 오히려 국가가 경제
의 '혁신'을 위해 시장거래를 확대하고 이윤 개념을 도입하지 않을 수 없
는 것으로 역전되다가 드디어 '기업 주도'의 자본주의로 복귀하게 된 것
입니다.

　스탈린은 자본주의 이후의 새로운 사회의 기본 특징을 자본주의 사회
의 '생산의 무정부성'이 사라지는 계획경제라고 생각했기 때문에, 임금노
동자들의 해방에 따른 모든 인간의 해방이라는 마르크스의 관점에는 전
혀 귀를 기울이지 않았습니다. 사상범·정치범이라는 구실로 노동하는 개

인들을 수용소 군도Gulag Archipelago에 가두어 강제노동을 시키면서도 자본주의 이후의 새로운 사회라고 선전한 것은 '비극'이었습니다.

6-1
볼셰비키 혁명 이후 러시아의 정치변천사

레닌은 차르tsar의 후진 러시아에서 볼셰비키 혁명을 수행하면서도, 생산력이 발달한 독일에서 사회주의 혁명이 일어나서 러시아를 돕지 않는다면 러시아의 '일국사회주의'는 성공할 수 없다는 점을 잘 알고 있었습니다. 왜냐하면 제1차 세계대전에 대한 군인과 인민대중의 불만을 '내전'으로 전환시켜 사회주의 혁명을 개시할 수밖에 없었지만, 사회주의 건설의 전반적 조건들 ― 예컨대 인민대중이 사회주의가 무엇인지를 알아서 적극적으로 '동참'해야 하고, 공장과 농장을 국유화하면 그것들을 민주적으로 운영할 수 있는 '경영능력'이 인민대중에게 있어야 하며, 인민대중이 위로부터의 명령에 따르는 것이 아니라 서로 토론하여 합의하고 연대할 수 있어야 하고, 시간이 걸리고 혼란에 빠지기 쉬운 체제 전환 시기에 인민대중의 '의식주생활'에 필요한 물자가 준비되어 있어야 하며, 외부의 강력한 자본주의 나라들이 사회주의 혁명을 타도하려고 개입하지 않아야 한다는 등 ― 이 전혀 마련되어 있지 않았기 때문입니다.

　이런 상황에서 1917년 10월의 볼셰비키 혁명은 러시아제국을 붕괴시킨 러시아 임시정부를 타도하고, 나라 이름을 '러시아 소비에트연방 사회주의공화국RSFSR'이라고 불렀는데, 국내외 반혁명 세력의 공격을 받아 내전에 빠졌습니다. 내전에서 볼셰비키 혁명이 승리함으로써 RSFSR이 중심이 되어 코카서스 소비에트연방 사회주의공화국, 우크라이나 소비에트 사회주의공화국, 벨로루시 소비에트 사회주의공화국과 함께 '소비에트 사회주의공화국연방 USSR: The Union of Soviet Socialist Republics(줄여서 소련 Soviet Union)'을 1922년 12월 30일 창립했습니다. 코카서스 공화국은 조지아(그루지야)·아제르바이잔·아르메니아 등 세 나라의 결합이었는데 1936년에는 각각의 나라가 공화국으로 독립하여 가입하고, 그 뒤에 9개의 소비에트 사회주의공화국 ― 카자흐스탄·우즈베키스탄·키르기스스탄·투르크메니스탄·타지키스탄·몰도바·라트비아·에스토니아·리투아니아 ― 이 새로 가입하여, 소련은 15개 소비에트 사회주의공화국으로 구성되었습니다.

소련은 러시아를 포함한 15개 공화국으로 구성된 연방국가이므로, 소련에 소련 공산당·소련 의회·소련 내각이 있어 소련의 전체 업무를 담당하고, 각 공화국에도 공산당·의회·내각이 있어 각국의 특수한 업무들을 담당했습니다. 따라서 각 공화국 출신의 유능한 사람들이 소련 공산당·소련 의회·소련 내각에 참가하여 큰 역할을 할 수 있었습니다. 소련 공산당 서기장과 소련 내각의 수상이었던 스탈린은 조지아 출신이었고, 고르바초프 정부에서 소련 내각의 외무부장관을 한 세바르드나제 역시 조지아 출신이었습니다. 그러나 소련 공산당은 15개 공화국 전체의 상황을 살펴야 하기 때문에, 인적·물적 자원의 배분에서 공화국 사이에 차이가 나는 것은 어쩔 수 없었을 것입니다. 특히 정책적 우선사업이나 예산 배정이나 연방군인 차출 등에서 차이가 나게 되어 있습니다. 물론 이 정책 결정과정에서 자기 공화국에 보다 큰 이익을 줄 수 있도록 각국 공산당이 여러 가지 방법으로 로비했을 것입니다.

레닌은 내전 중의 총동원령에 의한 '전시공산주의War Communism'(1918~ 1920) 때문에 쇠약해진 경제를 살리기 위해, 생산수단(공장이나 농장)을 혁명 이전의 소유주에게 돌려주면서 이윤을 추구하게 하는 네프NEP: New Economic Policy(1921~1928)를 채택하지 않을 수 없었습니다. 이 결과 필연적으로 생기는 자본주의의 자연발생적 발전에 대해, 레닌은 '국가자본주의State Capitalism', 즉 '프롤레타리아트 국가가 통제하고 규제하는 자본주의'를 발전시켜 대항함으로써 노동자 국가의 주도권을 확보하면서 생산을 발전시키려고 했습니다.

그러나 레닌이 1924년 죽은 뒤에 스탈린이 추진한 '사회주의 건설기'(1925~1936년)에는 두 번의 5개년계획(1928~1932년, 1933~1937년)과 농업집단화(1927년 결의, 1928년 개시, 1930년 결정적 강화, 1934년 거의 완료)를 실시했습니다. 정부는 소농(소규모 자영농민)으로부터 일체의 생산수단을 빼앗아 그들을 임금노동자로 전환시켰는데, 이것은 『자본론』에서 말하는 자본주의로 가는 이행기에 필수불가결한 '자본의 시초축적primitive accumulation of capital'의 전형입니다. 그리고 정부는 농·공업 부문에서 착취한 잉여가치를 주로 중공업부문의 자본으로 전환함으로써, 자본주의적 착취와 축적*을 통해 대공업을 건설하기 시작했습니다. 다른 한편으로는 볼셰비키의 당내투쟁이라는 형태로 진행된 스탈린파 노멘클라투라에 의한 국가권력의 찬탈은 1932년 전후의 위기를 견뎌내면서 완료되어, '노동자·농민의 국가'는 '소비에트(평의회)'라는 이름을 참칭하는 '노멘클라투라의 국가'로 최종적으로 전환하였습니다. 이리하여 1917년의 정치혁명에서 보였던 사회주의적 지향은 1930년대 초에 사라지고, 사실상 자본주의가 들어선 것입니다.**

* 임금노동자의 잉여노동을 착취하여 가치를 증식시키려 노력하는 것이 '자본'이고, 이 자본의 주체 또는 인격화는 개인이든 기업이든 국가이든 모두 '자본가'라고 부를 수 있습니다.
** 최초의 노동자·농민국가는 스탈린체제 아래에서도 자기의 흔적을 남겼습니다. 여성 참정권

1930년대에는 세계자본주의는 대공황에 빠져 허덕이었지만 스탈린의 계획경제는 일정한 속도로 확대했기 때문에, 소련 체제가 자본주의 체제보다 낫다는 인식이 서방에서 널리 퍼졌습니다. 이것을 기초로 스탈린은 1936년의 헌법에서 "소련사회는 역사상 처음으로 공산주의의 제1단계인 사회주의 사회가 되었다"고 선언한 것입니다. 이런 선언 때문에, 소련 안팎의 대부분의 대중매체와 지식인들은 소련 체제를 자본주의 이후의 새로운 사회, 즉 사회주의 사회라고 보게 된 것 같습니다. 마르크스의 용어에 따르면, 자본주의 사회가 붕괴한 뒤 일정한 이행기를 거쳐 형성되는 공산주의 사회(또는 자개연)의 제1단계가 스탈린이 말하는 사회주의 사회입니다. 마르크스가 말한 공산주의 사회(또는 자개연)의 '보다 높은' 단계를 스탈린은 '공산주의 사회'라고 불렀는데, 스탈린의 분류법에 따르면 소련의 '사회주의' 사회는 '공산주의 사회'에는 도달하지 못하고 해체된 것입니다.

물론 스탈린은 사회주의의 3대 특성으로 생산수단의 사회적 소유, 계획경제, 노동의 양과 질에 따른 분배를 들고 있습니다. 스탈린은 생산수단의 국유=전 인민적 소유=사회 전체의 소유=사회적 소유라고 생각합니다. 그러나 노동자들은 오직 임금노동자로서 생산수단에 대해서는 아무런 권리를 가지고 있지 않았고, 노멘클라투라가 생산수단을 자기들 마음대로 사용하거나 처분했기 때문에, 사실상 소련에서는 생산수단은 사회 전체의 소유이거나 인민 전체의 소유가 아니라 당·국가 관료라는 특수한 집단의 소유였다고 보아야 합니다.

의 조기 실현 등 남녀동권, 최저한도의 의료보장, 교육과 보육의 무료화, 개인들의 최저생활 보장(주택임대료와 일용품의 낮은 가격, 공공교통기관의 낮은 요금) 등. 이것들은 모두 '사회주의 국가'의 겉모습을 지탱하는 분식 기능을 수행했습니다.

더욱이 우리는 "국가가 자본가로부터 모든 생산수단을 빼앗아 국가소유로 했기 때문에, 소련 사회는 자본주의 사회가 아니라 사회주의 사회이다"라는 주장을 듣기도 합니다. 그러나 어떤 사회에서나 생산관계의 핵심은 노동하는 개인들이 '어떤 방식으로' 생산수단과 관계를 맺는가에 있습니다. 자본주의 사회에서는 생산수단으로부터 완전히 분리된 임금노동자들이 생산과정에서 생산수단을 타인의 것, 자본가의 것으로 상대하며, 이결과 생산된 생산물은 타인인 자본가에 의해 취득되는 것입니다. 여기에서 법적 관점에서 보면 '자본주의적 사적 소유'는 개개의 자본가가 각각 사적으로 생산수단을 소유하고 있다는 의미를 가지지만, 본질적 관점에서 보면 '자본주의적 사적 소유'는 자본가계급이 생산수단을 노동자계급으로부터 분리하여 독점하고 있다는 것을 가리킵니다. 따라서 어느 사회가 자본주의인가 아닌가를 판단할 때는 '사적 소유' 또는 '국가소유'라는 표층의 '법적 표현'을 볼 것이 아니라, 표층의 배후에 있는 생산의 심층에서 누가 생산수단을 노동하는 개인들로부터 분리하여 독점하고 있느냐 아니냐, 노동하는 개인들이 생산수단에 대해 타인의 것으로 상대하고 있느냐 아니냐, 그리고 생산수단이 노동하는 개인들을 지배·착취하고 있느냐 아니냐를 보아야만 합니다.

또한 "소련의 권력을 장악한 사람들은 자본가가 아니라 관료이었으므로, 소련은 자본주의 사회가 아니라 관료제 사회였다"고 주장하는 사람들도 있습니다. 가치증식을 목적으로 하는 자본의 인격화 또는 화신을 자본가라고 본다면, 소련의 국영기업·콜호스·소프호스 등이 노동자들을 착취하여 자본을 축적했기 때문에, 이 기업들의 대표자—국가든 개인이든—는 당연히 자본가라고 말하지 않을 수 없습니다.

제2차 세계대전에서는 세계 역사상 유례없는 타격을 입으면서도, 러시아체제에서는 국가가 인적·물적 자원을 즉시 조달할 수 있었기 때문에, 그리고 러시아는 소련을 통해 각국의 인적·물적 자원을 쉽게 동원할 수 있었기 때문에, 전쟁에 승리함으로써 미국과 더불어 세계 2대 강국으로 부상하게 되었습니다. 러시아는 테헤란 회담(1943년 11월 28일~12월 1일), 얄타 회담(1945년 2월 4일~12일), 포츠담 회담(1945년 7월 17일~8월 2일)을 통해 제2차 세계대전의 전리품으로 동유럽의 여러 나라를 세력권으로 얻게 되었습니다. 이리하여 소련을 중심으로 하는 사회주의 진영은 자본주의 진영에 대항하여 냉전과 열전을 수행할 수 있게 된 것입니다.

그러나 스탈린은 자본주의 열강이 사회주의 진영의 중심인 러시아를 공격하리라는 걱정에 항상 사로잡혀 있었기 때문에, 스탈린의 대외정책은 혁명을 해외에 수출하거나 타국의 공산주의 운동을 지원하기보다는 오히려 타국의 공산주의 운동을 탄압함으로써 자본주의 강대국의 호감을 사서 러시아의 안전을 보장하려고 시도했습니다. 이것이 이른바 트로츠키의 세계혁명과 대립되는 스탈린의 '일국사회주의론'입니다.

이리하여 스탈린은 중국 모택동의 공산주의 운동을 장개석 국민당의 지휘 아래 넣음으로써 공산당에게 엄청난 피해를 입혔으며, 또한 스탈린은 제2차 세계대전 이후 각국의 빨치산이 나치를 도운 거물 정치가들과 경제인들을 제거하여 자본주의 체제를 붕괴시키려는 시도를 여러 나라에서 저지했습니다. 뒤돌아보면 1980년대 이후 소련의 정치적·경제적·이데올로기적 세력이 약화되어 결국 소련이 패망하게 된 것도 세계의 진정한 공산주의 세력이 취약했기 때문인데, 이 이유의 근원은 소련이 세계 각국에서 사회주의 혁명을 조직하거나 후원하지 못했다는 점에 있었다고 말할 수 있습니다.

일당독재, 부정부패, 공장이나 농장에서 인민대중의 노예 같은 생활,

보드카를 마시지 않으면 안 될 정도로 기분 나쁜 사회생활, 군수산업의 눈부신 발달에 대비되는 생활필수품의 저질과 부족, 방대한 소비에트연방과 위성국들에 대한 거대한 지원 등으로 말미암아, 소련 체제가 생기를 잃고 있었던 1985년 3월에 젊고 발랄한 고르바초프(1931~)가 소련 공산당 제1서기로 등장했습니다.

그는 '페레스트로이카(개혁)'와 '글라스노스트(개방)'로 소련 체제를 살리려고 생각했는데, 이 생각의 핵심은 오랫동안 개혁이 지지부진하던 국가 주도의 경제체제를 개별 기업 주도의 경쟁체제로 대체하는 것이었습니다. 다시 말해 동맥경화증에 빠진 '국가자본주의'를 '경쟁자본주의'로 혁신하는 것이었으며, 노동하는 개인들의 물질적·정신적 해방을 지원하는 개혁과 개방이 아니었던 것입니다. 소련 체제의 표층적 문제점을 조금씩 공개하고 개혁하는 과정에서 인민대중이 점점 더 소련 체제 전체를 불신하고 미워하기 시작했습니다. 강둑에 작은 구멍을 내어 더러운 강물을 빼내려 하다가 그 구멍이 점점 더 커져서 강둑 전체가 무너지는 바람에 도시 전체가 물속에 잠기기 시작한 것입니다. '동무들'은 힘을 합해 홍수를 막으려 하지 않고 서로 먼저 재산을 챙겨 도망치기 시작함으로써 소비에트 사회주의 공화국 연방, 즉 소련은 해체된 것입니다. 이것이 1991년 12월 25일이었습니다. 뒤에서 보는 것처럼 이런 해체는 사실상 소련의 '국가자본주의'가 야기하는 피할 수 없는 침체를 '경쟁자본주의'의 전면적 도입에 의해 타개하려는 노멘클라투라의 이기심의 발로였던 것입니다.

고르바초프는 1986년 소련 위성국들에 대한 경제 원조를 중단하고 1989년 아프가니스탄으로부터 소련 군대를 철수했습니다. 1989년 폴란드에서 자유노동조합의 전국 조직인 '연대Solidarity'가 의회 선거에서 승리했고, 1990년에는 '연대'의 지도자인 레흐 바웬사가 대통령이 되었습니다. 1989년 11월에는 베를린 장벽이 무너지고, 12월에는 체코슬로바키아·불가리아·루마니아의 공산정권이 붕괴했습니다. 1990년 2월 소련 공산당이 "지난 70년 동안 정치권력을 독점한 것을 포기하는 것"과, "각 공화국이 소련으로부터 분리·독립할 수 있다는 것"을 결의함으로써 15개 공화국에서 자유로운 선거가 처음으로 실시되었습니다. 1990년 3월 동독에서는 공산당이 선거에서 패배했고, 10월에는 서독과 동독이 통일을 이룩했습니다. 1991년 6월에는 보리스 옐친이 러시아 소비에트연방 사회주의공화국의 대통령에 당선되었고, 8월 19일에는 소련 체제를 유지하려는 관료들과 군인들이 고르바초프를 연금한 뒤 옐친을 체포하지 못함으로써 쿠데타가 실패했습니다.

1991년 8~12월에 10개 공화국이 독립을 선언했고, 1991년 12월 8일 러시아공화국, 우크라이나공화국, 벨로루시공화국의 지도자들이 벨로루시의 벨로베즈스카야 푸시차에서 만나 "소련USSR을 해체하고 독립국가연합CIS: Commonwealth of Independent States을 창립하는" 합의서에 서명했습니다. 소련의 대통령인 고르바초프는 이 합의가 반헌법적 쿠데타라고 반박했지만 어쩔 수가 없었습니다. 1991년 12월 12일 러시아공화국의 최고의회는 벨로베샤 합의서를 공식적으로 승인하고 소련 창설의 1922년 조약을 폐기함으로써, 러시아가 소련으로부터 분리·독립하는 것을 확인했습니다. 1991년 12월 21일에는 조지아와 발트 3국을 제외한 11개 공화국이 소련을 대체하는 독립국가연합에 가입한다는 알마아타 의정서에 서명했습니다. 1991년 12월 25일 고르바초프는 소련이 해체되어 버렸으므로 소련의 대통령을 사임하지 않을 수 없었고, 소련의 유엔 회원국 지위나 기타 권리와 의무는 러시아연방에게 인계되었습니다. 이리하여 소련USSR은 역사에서 사라진 것입니다.

6-2
무소유의 임금노동자들 위에 선 자본주의 사회

후진국 러시아에서 노동자·농민계급이 권력을 잡아 나라 이름을 '러시아 소비에트연방 사회주의공화국RSFSR'이라고 불렀을 때, 레닌은 나라 이름에 있는 '사회주의'라는 단어는 "우리가 사회주의로 나아가려는 결의를 표시한 것"이라고 말하고, 러시아에 사회체제로서의 사회주의가 탄생했다는 환상은 조금도 나타내지 않았습니다. 강제된 '전시공산주의'라는 비상시기를 거쳐 네프 시기에 들어가면, 레닌은 '국가자본주의'를 발전시켜 사회주의의 물질적 전제, 즉 고도로 발달한 생산력과 대공업을 건설하지 않으면 안 되고, 이것에 의해 비로소 사회주의로 본격적으로 이행할 수 있다고 생각하고 있었습니다. 그러나 레닌은 러시아의 생산력이 혁명과정의 혼란을 견뎌낼 수 있을까를 걱정하여, 노동자계급의 세력이 가장 강력한 독일에서 사회주의 혁명이 일어나서 러시아 혁명을 지원하기를 바랐습니다. 다시 말해 레닌은 세계 자본주의의 가장 약한 고리인 러시아에서 혁명이 먼저 일어나고, 이것이 세계의 중심부에서 사회주의 혁명을 촉발해야 세계 전체가 사회주의로 전환한다는 '세계혁명론'을 믿고 있었던 것입니다.

1917년부터 사회주의로의 이행기에 들어갔다고 이야기할 수 있는 것은, 사회주의를 목표로 하는 노동자 권력하에서 그것으로의 이행에 필요한 물질적·주체적 전제를 창출하는 노력을 시작했다는 의미에서뿐입니다. 그런데 유럽혁명이 좌절하여 세계혁명으로의 발전 전망이 사라지고, 포위된 러시아의 노동자·농민 국가를 수호하기 위해 급속한 생산력의 발전이 필요하게 되었을 때, 네프에 의해 용인되고 장려된 시장경제, 다시 말해 광범하게 부활한 자본주의적 생산을 그대로 두지 않을 수 없었습니다. 이때 당 지도부는 시장경제를 행정적으로 강력하게 통제하면서 농민의 잉여노동에 의해 자본의 급속한 축적을 도모하게 된 것입니다. 농업의 강제적 집단화에 의한 급속한 공업화가 바로 그것입니다. 이 집단화는 프레오브라젠스키가 말하는 '사회주의적 시초축적'이 아니라, 노멘클라투라가 국가권력을 이용하여 소농의 소유를 강제적으로 빼앗아 프롤레타리아트 계급을 대규모로 창출한 진정한 의미의 '자본의 시초축적'이었던 것입니다. 다시 말해 무산대중을 대규모로 만들어 그들을 임금노예로 만드는 자본주의로의 퇴행이었던 것입니다.

노동하는 개인들은 생산수단으로부터 분리되어 노동력을 국영기업이나 콜호스에, 즉 국가자본에 판매하여 화폐를 얻고 이 화폐로 상품을 사기 때문에, 소련의 상품과 화폐는 자본주의 사회의 '진정한' 상품·화폐와 동일한 것이었습니다. 생산수단이 국가 소유로 되었기 때문에 사적 소유는 없어지고 사회적 소유로 되었다는 것은 잘못된 추론입니다. 소련의 국가소유는, 생산수단으로부터 분리된 노동하는 개인의 입장에서는 자기에 대립하는 생산수단의 사적 소유에 지나지 않았습니다. "국가소유가 사회적 소유는 아니다"라고 좌파가 올바르게 지적하지만, 무엇이 '사회적 소유'인지는 분명하게 설명하지 않습니다. 사실상 사회적 소유는, 자본주의 사회에서 노동자들이 공동으로 점유하여 사용하던 생산수단들이 정치혁명을 통해 자기들의 것으로 전환되었다는 것을 가리킵니다. 이 경우 '사회'는 개인들을 초월하여 자립적으로 존재하는 정치적·경제적·이데올로기적 존재가 아니라, 자각한 개인들의 연합을 가리키거나 연합한 개인들 그 자체입니다. 따라서 소련의 생산양식에서 자본주의적 사적 소유가 폐기되어, 이런 연합한 개인들의 사회적 소유가 만들어졌다고는 도저히 말할 수 없을 뿐 아니라, 국가소유는 실질적으로 노멘클라투라의 소유이었다고 말할 수 있습니다.

이 소련의 생산양식은 제2차 세계대전 이후 동유럽과 아시아, 특히 동유럽 여러 나라에 소련의 군사력을 배경으로 강제로 이식되어 이른바 '세계 사회주의 체제'가 성립했습니다. 그러나 어느 정도까지 생산력이 발전하여 노동자계급이 어떻게든 생활할 수 있게 되면, 이 생산양식은 이제 생산력을 발전시킬 수 있는 역동성을 잃게 됩니다. 왜냐하면 경제의 각 부문이 다양하고 복잡하게 되면 국가의 계획당국이 정보를 수집하여 평가하는 능력이 떨어질 수밖에 없으므로 국가의 개입이 점점 더 축소되기 시작하고, 국영기업이나 콜호스의 경영자들은 이런 기회를 틈타서 자기의 이익을 챙기기 바쁘게 되며, 노동자들은 정부·당·기업의 상층부의 부정·부패에 질려 점점 더 노동할 생각이 사라지기 때문입니다. 더욱이 혁신innovation의 도입은 '늘 하던 버릇, 관성, 기득권 세력, 압력' 때문에 도입되기가 어려웠습니다(Nove, 1972). 이리하여 소련의 생산양식은 발전의 동력을 잃게 된 것입니다.

그런데 그 사이에 열전과 냉전의 상대방인 자본주의 진영은 전자화·로봇화·정보화를 통해 생산력을 급속히 발전시켰으므로, 소련의 생산양식은 침체를 곧 타개하지 않을 수 없었습니다. 이리하여 스탈린 비판과 정치개혁으로 끝난 흐루쇼프 개혁을 거쳐 브레즈네프 시대에는 국영기업의 경영에 이윤 개념을 도입하라는 리베르만(Liberman, 1962)의 주장이 큰 호응을 받아 실시되었습니다. 국영기업들이 이윤율을 올릴수록 경영자와 노동자는 더욱 큰 물질적 유인material incentive과 보너스를 받게 되었습니다. 더욱이 코시킨(Kosygin, 1965)은 기업의 '독립채산제'를 강조하여, 기업이 이윤율을 높이면 높일수록 경영자와 노동자가 함께 큰 보너스를 받을 뿐 아니라 모두가 문화·보건·주택·보육 등을 개선할 기회를 더욱 많이 가질 수 있다고 강조했습니다. 코시킨 개혁은 본질적으로 고르바초프 개혁의 전조이었는데, 이윤 개념과 독립채산제의 도입은 소련 사회가 자본·임노동관계에 의거하고 있다는 것을 분명히 폭로했을 뿐 아니라, 개별 기업들 사이의 경쟁을 통해 전국적 경제계획은 불가능하게 되고 점점 더 자본주의로 후퇴하게 되었습니다.

브레즈네프 아래에서 침체와 부패가 지배하다가, 드디어 고르바초프의 페레스트로이카(개혁)와 글라스노스트(개방)가 시작되었습니다. 개혁과 개방은 소련의 '국가자본주의'의 침체와 부패가 소련의 전면적 해체를 야기할 정도로 심각하고, 노동자들의 누적된 불만이 더는 방치할 수 없게 되었다는 것을 노멘클라투라가 느끼기 시작했다는 것을 가리킵니다.

개혁의 기본 방향은 억압되어 기능을 제대로 발휘하지 못하는 시장경제를 전면적으로 부활시켜, 이윤을 추구하는 생산의 경쟁적 확대를 통해 생산력을 발전시키는 것이었습니다. 이런 자본주의로의 전환은 혼란을 야기하여 인민대중의 생활을 크게 악화시킬 것이지만, 국가자본주의에서 국가권력을 잡은 노멘클라투라가 취할 수 있는 개혁노선으로서는 다른 방법이 없었습니다. 더욱이 노멘클라투라는 이런 개혁을 통해 국영기업의 민영화과정에서 막대한 개인적 이익을 얻을 수 있었기 때문입니다.

원래 공산주의 사회(또는 자유로운 개인들의 연합)는 인간 개인을 최대한으로 발달시키는 것을 목표로 삼는 사회입니다. 동시에 전면적으로 발달한 개인이 높은 생산력을 발휘하지 않는다면 자개연은 형성될 수가 없습니다. 자개연으로 나아가는 진정한 이행기에는 노동력의 상품화가 사라지면서 상품과 화폐도 사라지게 마련이므로, 이런 특수한 상황에서 사회적 생산을 조직할 수 있는 단결하고 연합한 개인들이 있어야 하고, 또한 이런 상황에서도 즐거운 마음으로 능력에 따라 노동하는 개인들이 있어야 합니다. 그리고 이런 개인들을 진정한 이행기에서 만들어내야 합니다.

인간의 전면적 발달이라는 관점에서 볼 때, 1920년부터 시작한 소련의 사회주의 건설이나 제2차 세계대전 이후 동유럽의 사회주의 건설은 아무것도 이룩한 것이 없습니다. 거기에는 노동하는 개인들이 자본주의 사회의 임금노동자들과 마찬가지로 국가 '자본'의 억압과 착취를 받았기 때문입니다. 노동하는 개인들이 생산수단을 자기의 것으로 상대하여 즐거운 마음으로 자발적·헌신적·창의적으로 노동하게 하려면, 생산수단을 노동하는 개인들의 연합의 공동소유(또는 사회적 소유)로 전환시켜야 했고, 그리고 임금노동제도를 완전히 철폐해야 했습니다. 그런데 노멘클라투라는 국가자본주의에서 물질적 유인 없이는 자발적으로 노동하려고 하지 않는 노동자들에게 물질적 유인이 아니라 채찍으로 생산력의 발전을 도모하려고 했기 때문에, 소련 사회는 분명히 일종의 '노예사회'였다고도 말할 수 있을 것입니다.

6-3 고르바초프의 개혁: 국가 중심의 자본주의로부터 개별 기업 중심의 자본주의로

1) 경제개혁의 내용

1985년 3월 소련 공산당 중앙위원회 정치국에서 중앙위원회 총서기로 선출된 고르바초프Mikhail Sergeyevich Gorbachev(1931~)는 그해 4월에 열린 중앙위원회 전체회의에서 사회와 경제의 발전전략으로 개혁과 개방을 제시했습니다. 그는 소련경제를 다음과 같은 방향으로 개혁하겠다고 말했습니다(Gorbachev, 1987: 83~102; Aganbegyan, 1988: 1~40).

① 지금까지의 경제발전은 외연적extensive 방법에 의거하여 인력·자원·
자금을 낭비하는 경향이 있었는데, 앞으로는 생산성의 향상과 과학기술의
도입에 의거한 집약적intensive 사용을 강조할 것이다.

이렇게 인력·자원·자금의 집약적 사용을 강조하게 된 사정이 있었습
니다. 국가기업은 할당된 계획목표를 달성하기 위해 인력과 자원을 과잉
보유하거나 퇴장退藏시켜두는 경향이 있으며, 계획생산량의 생산에만 열
중하여 제품의 품질과 종류에 큰 관심을 쏟지 않으므로 판매되지 않는 제
품이 공장과 상점에 재고로 쌓이는 경향이 있었기 때문입니다. 또한 과학
연구소 사이의 횡적 결합이나 과학연구소와 생산기업 사이의 연계가 불
충분하고 기술과 제품의 혁신에 대한 보상과 동기 부여가 만족스럽지 못
하여, 과학기술이 세계 수준으로 발전했음에도 그것을 산업에 적용하는
것은 매우 느렸습니다. 그리고 공장장 중에는 제품을 국가상점에 배달하
지 않고 암시장에 공급하여 폭리를 취하는 예도 있으며, 임금 평준화에
따라 숙련공·기술직·전문직은 "능력에 따라 일하고 노동성과에 따라 분
배를 받는다"는 사회주의 원칙이 관철되지 않는다고 불평했습니다. 그런
데 이 사회주의 원칙은 사실상 자본주의적 평등원리에 따른 것이며, 능력
에 따라 노동하지 않으면 사회주의가 형성되지 않는다는 것을 가르치는
목적을 가지고 있다는 것은 제5장에서 설명한 바 있습니다.

② 경제활동을 국민의 물질적·정신적 필요를 충족시키는 방향으로 개혁할
것이다.

종전에는 국방과 생산재 산업에 투자를 우선적으로 배정하고, 그 나머지를 소비재산업과 주택·보건·교육 등에 배정한 것을 역전시켜 국민의 생활수준을 자본주의 선진국의 수준으로 향상시키려고 했습니다. 그러나 식료품의 가격은 오히려 생산비 수준으로 인상하여, 식료품에 대한 항상적 수요초과현상을 제거하려 함으로써, 미국으로부터의 대규모 밀wheat 수입을 방지하려 했습니다.

③ 경제 전체와 기업의 운영방법을 '혁명적으로' 개혁할 것이다.

국영기업은 중앙계획당국의 행정명령을 수행하는 기관으로부터 탈피하여, 자기계산·자기금융·자주관리 등을 실시하는 독립채산기업으로 운영하기로 했습니다. 지금까지 가격은 대체로 중앙과 지방의 계획당국에서 결정했지만,* 지금부터는 계획당국에 의한 가격 결정을 크게 제한하고, 생산자 기업과 수요자 기업 사이의 협정 가격이나 시장의 수요공급에 의한 가격 결정의 폭을 크게 확대하기로 한 것입니다. 그런데 이런 기업의 독립채산제는 기업이 개별자본으로서 임금노동자를 마음대로 착취하여 이윤을 얻는 것을 허용하는 것이고, 국영기업들이 오랫동안 국가자본의 경영단위로 기능하면서 받은 온갖 제한으로부터 완전히 벗어나서 명실 공히 자본주의적 개별기업으로 탄생하는 것을 의미하는 것이었습니다.

다른 한편 기업의 '자주관리'는 취업노동자들의 비밀투표로 기업의 경영자를 선출한다는 것인데, 이것이 바로 "기업을 노동자들의 공동 소유로

---

* 소련에서 판매되는 2,400만 가지의 재화와 용역 중 50만 가지의 가격은 중앙계획당국에서 결정되었고, 그 나머지는 대체로 지방계획당국에서 결정되었으며, 한번 결정된 가격은 7~10년 동안 재검토되지 않았습니다(Aganbegyan, 1988: 135).

전환시키는 실질적인 조치"라고 흔히들 높이 평가하고 있습니다. 고르바초프의 수석 경제고문인 아간베기얀도 다음과 같이 말합니다.

공공의 소유는 사회주의적 소유의 기본형태이다. 토지·자연·자원·국가공장은 사회 전체의 공동 소유물이다. 이런 소유의 잠재적 위험은 소유가 모두에게 속하면서도 특정의 누구에게도 속하지 않게 되어 개인 또는 그룹의 소유감이 무디게 된다는 점이다. 이에 따라 공공의 재산은 누구의 관심사도 되지 않는다. 근로자들은 공공의 자원을 비경제적으로 사용하게 되고, 자기 자신을 위할 때보다는 사회주의 경제에서는 덜 일하게 된다. 국가공장의 기계에 대한 태도와 개인소유 자동차에 대한 태도는 전혀 다르다. 사회주의 경제제도의 효율적 운영에서 가장 중요한 문제 중의 하나는 모든 근로자에게 공동소유자라는 감정을 끈덕지게 심어주는 문제이다. 이를 위해서는 체계적인 한 무더기의 조치가 필요하다. 공공의 소유 중 일부를 특정의 기업과 근로자 공동체에게 할당하여 그들로 하여금 그 소유를 보유·사용·처분하게끔 한다. 또한 임금체계를 경제운영의 최종 결과(이것은 사회주의적 소유의 능률적 사용과 불가분의 관계가 있다)와 밀접하게 연결시키는 제도도 있을 수 있다. 그리고 기업과 근로자 공동체에 사회복지의 기초 시설을 창설하여, 근로자들이 스스로 즐기며 자기의 생활을 기업의 업무와 연결시키는 방법도 있다. 그러나 자주관리로의 전환이 소유감을 강화시키는 가장 중요한 수단이며, 이에 따라 근로자들은 공동체에 할당된 사회주의적 소유를 자기 자신이 담당하고 있다는 느낌 ─ 다른 사람의 것이 아니라 자기들의 것이라는 느낌 ─ 을 가지게 된다(Aganbegyan, 1988: 196~197).

1917년의 혁명 초기부터 노동자들이 연합을 결성하여 생산수단을 자기의 것으로 상대하여 스스로 운영하는 훈련을 받지 않았기 때문에, 그리고 스탈린주의가 노동자를 완전히 생산수단으로부터 분리시켜 임금노동자로 소외시켰기 때문에, 경제가 활력을 잃었는데, 이제 와서 "공장 경영자를 투표로 뽑는다"고 문제가 해소될 수 있겠습니까? 노멘클라투라는 각 개별 국영기업을 손아귀에 넣어 앞으로 있을 국영기업의 '민영화'에 대비한 것입니다.

④ 농업부문에서는 이미 협동조합 농장이 국가농장보다 더욱 큰 역할을 하고 있었지만, 공업부문과 서비스부문에서는 국가기업 이외에 협동조합 기업이나 자영업은 크게 억제되고 있었는데, 이번의 개혁에서는 협동조합 기업과 자영업을 촉진하려고 한다.

협동조합 기업은, 노동자들이 스스로 작업공동체를 구성하여 국가로부터 토지·기계·건물 등을 임대받아 중소규모로 영리사업을 하는 기업을 가리킵니다. 그러므로 협동조합 기업과 자영업의 장려는 계속 성행한 암시장을 현실화하는 조치에 지나지 않았습니다.

⑤ 경제개혁은 사회의 모든 부문에서 개방과 민주화를 필요로 한다. 권위주의적 관료주의의 비능률성과 경직성, 부정과 부패, 비도덕적 불로소득을 제거하기 위해서는 비밀의 폭로, 진실의 공개, 비판이 더욱 자유롭게 진행되어야 할 것이다.

개혁과 개방이 진지하게 진행되었지만, 결국은 공산당 독재와 개인숭배가 사라지면서 자본주의적 착취와 억압이 되살아난 것입니다.

2) 소련 사회에서 과거의 개혁이 실패한 이유

소련 사회에서 민주주의가 전혀 성장하지 않았기 때문에 당과 정부의 관료가 누리는 권력과 특권은 상당히 컸습니다. 따라서 개혁운동은 먼저 '위로부터' 시작되는 경향과 권력층에 의해 좌절되는 경향을 동시에 지니게 되었습니다. 흐루쇼프(1894~1971)는 스탈린의 죄를 사회주의적 적법성의 무시, 독재적 당 운영, 집단지도 원칙으로부터의 이탈, 개인적 목적을 위한 권력 남용, 개인숭배와 불필요한 테러 등으로 비판함으로써 정치적 개혁을 시도했지만, 그의 '비체계적이고 임기응변적 개혁에 불안과 불확실성을 느낀 권력층'(Miliband · Panitch & Saville, 1988)이 1964년 그를 실각시킨 것입니다. 그리고 브레즈네프(1906~1982)는 정치적 안정을 유지하면서 경제개혁을 수행한다는 원칙 아래 경제기구 안에 정부 중간관료의 권리를 확대하여 '소비에트 경영자층'을 형성하려고 했습니다. 1965년 시작된 이 개혁은 경제기구 안에서 정부 관료와 당 간부 사이의 갈등을 악화시키게 되었으므로, 브레즈네프는 개혁의 범위를 축소시키고 1970년 이후에는 개혁을 중단했습니다(Kagarlitsky, 1988). 이리하여 공직자는 매우 편안하게 외연적 성장을 유지했고, 낭비 · 부정 · 부패가 만연하게 된 것입니다. 결국 개혁이 성공하기 위해서는, 위로부터 시작된 개혁운동이 아래로부터 대중의 지지를 받아야 하며, 이 대중운동이 마침내 개혁을 성공시킬 수 있다는 '역사의 교훈'을 고르바초프는 상기하면서 개방과 민주화를 강조한 것으로 보입니다.

물론 대중이 자발적으로 조직한 개혁운동은 무력하지만 존재했습니다

[이하는 카갈리츠키(Kagarlitsky, 1988)에 의거]. 첫째는 서방 언론에 자주 보도되던 '인권운동'입니다. 인권운동은 인간의 권리·자유·존엄성을 주창했지만 대중의 현실문제에 무관심했고 더욱이 주로 외국 언론에 의존하여 선진국 정부의 외교적 압력을 기대했기 때문에 대중의 지지를 얻지 못했습니다. 둘째의 개혁운동은 '신좌파'에 의해 지하운동으로 전개되었는데, 사회주의 입장에서 현실적 개혁안을 제시하려고 노력했습니다. 계획과 시장의 혼합이나 위로부터의 민주주의적 개혁의 불가피성과 필요성을 인정하면서도 개혁의 핵심은 자주관리여야 한다고 주장했는데, 1982년 4월 신좌파 활동가의 대부분이 검거되었습니다. 셋째의 개혁운동은 중간엘리트에 의해 전개되었는데, 안드로포프(1982~1984년의 소련 공산당 총서기)가 비밀경찰 KGB의 국장으로 있을 동안(1967년 5월~1982년 1월) 조직한 것입니다. 이 중간엘리트의 개혁안은 부정과 부패의 제거, 사회 규율 확립, 전문가층 우대, 사회보장의 부분적 제거, 식료품 보조금 철폐, 노동의 질과 양에 따른 임금격차의 확대 등이었습니다.

고르바초프는 1985년에는 중간엘리트의 개혁운동에 의거하여 부정·부패·범죄의 제거로 사회규율을 확립하려고 노력했습니다. 그러나 1986년 봄에 발생한 체르노빌 원자력 발전소 사건을 계기로 경제개혁은 관료주의를 타파하지 않고서는 도저히 불가능하다는 것을 깨닫고 개방과 민주화를 도입한 것입니다. 다시 말해 정부와 당의 내부에 팽배한 관료주의를 척결할 수 있는 동맹 세력은 중간엘리트가 아니라 근로자 대중이고, 이에 따라 중간엘리트 또는 기술 관료층의 이기주의를 자극하기보다는 정치적 민주화, 기업의 자주관리, 사회보장제도의 개선을 추진하게 된 것입니다.

3) 개혁·개방과 민주화에 대한 반응

노동자계층은 당분간 불만과 불안에 사로잡혀 있었습니다. 부정과 부패의 척결로, 경영자와 노동자가 담합했던 거짓의 작업·생산에 의거한 임금부분(브레즈네프 시기에는 임금의 40%가 되었습니다)(Mandel, 1988)이 삭감되었고, 정부의 품질검사 강화로 계획달성이 어려워 상여금을 종전처럼 받지 못하고 있었기 때문입니다. 또한 식료품에 대한 정부 보조금 철폐 계획은 물가 상승에 대한 우려를 자아내며, 시설의 자동화와 현대화로 실업에 대한 위협도 있었습니다. 그러나 노동자의 대부분이 고등교육 이상의 교육을 받았고 경영자의 권위주의를 싫어했기 때문에, 고르바초프의 혁명에 도덕적 찬사를 보냈습니다. 앞으로 경제 전체의 개혁으로 사회임금*의 상승이 예상되기 때문에, 노동자계층은 개혁·개방·민주화의 큰 추진세력이었습니다.

문학·예술·대중매체의 지식인, 과학·기술의 전문가, 학교·연구소의 학자들은 개방과 민주화에 의해 가장 큰 해방감을 느끼고 있었습니다. 그러나 당과 정부의 고급관료는 점점 더 국가의 경제적 역할을 축소할 수밖에 없는 사정에 직면하고 있었습니다. 경제활동의 다양화와 복잡화로 말미암아 계획당국이 기능을 제대로 발휘할 수 없었고, 분업의 진전에 따라 각 담당부서 사이의 업무조정이 필수적이었지만 각 부서의 이해관계·관료주의 때문에 업무조정이 순조롭게 진행되지 않았으며, 행정부서에는

---

* 사회임금은 노동의 제공과는 관계없이 공공소비기금으로부터 제공되는 것으로, 주택임대료·전기료·수도료·교통비·의료비·교육비·식품비의 무료나 낮은 수준의 형태를 취합니다. 1984년에는 노동임금 1루블에 대해 사회임금은 69코페크(0.69루블)이었습니다(Mandel, 1988).

전문가보다는 정치적 아첨꾼이 요직을 차지하고 있었기 때문입니다. 이제 기업이 대규모로 독립채산제로 전환하게 됨으로써 해고와 재배치의 불안을 느끼고, 선거제와 임기제의 도입은 노멘클라투라가 누려온 권력과 특권을 크게 축소할 가능성이 생긴 것입니다. 이런 노멘클라투라의 불안감 때문에, 그들은 국영기업의 전면적 민영화, 전면적 자본주의화를 촉진하고, 그들이 스스로 자본가로 변신하게 된 것입니다. 그리고 민족자결과 평등을 외치는 소수민족은 개방과 민주화를 계기로 오랫동안 쌓인 울분을 분출했으며, 소련의 아프가니스탄 파병을 계기로 시작된 1979년 이래의 '제2차 동서 냉전'은 1980년과 1984년의 올림픽 불참이라는 사태까지 야기했지만, 고르바초프가 등장하여 아프가니스탄으로부터 철군하고 핵무기폐지협정을 체결하면서 동서 냉전은 크게 해소되었습니다. 물론 고르바초프는 국내의 개혁과 개방에 몰두하느라고 미국의 세계지배에 상당히 양보했으며, 따라서 군부의 강경세력은 고르바초프의 국방정책과 옐친의 소련 해체에 대항해서 1991년 쿠데타를 일으켰으나 실패했습니다.

4) 고르바초프 혁명의 역사적 의의

고르바초프는 페레스트로이카를 레닌이 추진한 네프NEP(1921~1928년)에 비유하고 있습니다만(Davies, 1988), 옳지 않은 비유인 것 같습니다. 첫째로 네프는 내전을 위한 총동원령 ─ 식량할당 징발제, 모든 산업의 국유화, 상업의 국영화, 상품·화폐와 자유시장의 갑작스러운 폐기 ─ 으로 말미암은 산업생산의 격감을 회복하기 위해 취한 정책입니다. 네프에 의해 식량할당 징발제는 현물세로 변경되고 국가기업은 원래의 주인에게 반환되든지 임대되며 상업은 개인에게 허용되었지만, 앞으로 '자본주의'로 되돌아간다는 결정은 전혀 아니었습니다. 그런데 고르바초프가 추진하는 상품·화폐·시장의 확대는 거의 70년 동안 경영해온 국가기업·협동조합 농장 등이 이른바 '소련식 사회주의'에 의해서는 살아남을 수 없다는 것이 확인된 뒤에 실시되었다는 점입니다. 다시 말해 이제 자본주의로 되돌아간다는 것을 분명히 드러낸 셈입니다. 둘째로 레닌이 '신경제정책'을 채택하면서 당과 국가의 관료주의를 비판했지만, 이것은 차르 시대의 문화적 유산이지 결코 소련식 사회주의의 산물은 아니었습니다. 그런데 고르바초프가 개혁과 개방을 외치면서 타파하려고 하는 관료주의는 소련식 사회주의의 산물이라는 점입니다. 셋째로 네프의 핵심적 목표의 하나는 노동자·농민의 동맹을 강화하는 것이었지만, 고르바초프의 개혁에는 인민을 착취의 대상으로부터 해방시키는 것이 하나도 없습니다. 넷째로 전시공산주의로부터 신경제정책으로 '퇴각'한 이유 중 하나는 중앙집중적 계획과 국가기업을 운영할 만한 '전문가이면서 공산주의자'가 적었다는 점이었는데, 1987년의 통계에 따르면 소련 성인 인구의 74%가 고등학교 이상의 교육을 받은 실정이므로(Novosti Press Agency, 1988: 230), 고르바초프의 '퇴각'은 전문가 부족과는 전혀 관련이 없습니다.

고르바초프 혁명에 대한 평가는 다양합니다. 에르네스트 만델(1988)에 따르면, 협동조합 기업과 자영업의 허용, 각 기업 사이의 도매거래의 실시는 상품생산과 시장관계를 확대하고, '필요'에 따른 분배보다는 '노동'에 따른 분배를 강화함으로써, 시장경제의 무정부성과 낭비성, 그리고 소득분배의 불평등을 초래할 것이라고 합니다. 마르크스가 자본주의의 모순을 해결하는 계기로서 제시한 생산수단의 '사회적 소유'는 시장경제의 낭비성과 불평등성을 제거한다는 의미를 내포했는데, 고르바초프 혁명은 생산수단의 국가소유라는 기초 위에서 오히려 시장경제의 낭비성과 불평등성을 부활시키게 되는 것은 어찌된 일일까요? 소련에서는 생산수단의 사회적 소유(또는 국가소유)라는 용어는, 노동자들의 연합이 생산수단을 공동으로 사회적으로 소유하는 것을 가리키는 것이 아니라 노멘클라투라가 생산수단을 독점하여 노동자들을 생산수단으로부터 분리하는 것을 은폐하는 용어였기 때문입니다. 말로는 생산수단의 사회적 소유이지만 실제로는 노멘클라투라의 독점적 소유였기 때문에, 이른바 사회적 소유와 자본주의적 무정부성이 결합될 수 있었던 것입니다.

다른 견해에 따르면, 개혁·개방·민주화의 핵심은 시장경제의 확대에 있는 것이 아니라 노동자들을 정치와 경제의 무대에서 주연 배우로 등장시키려는 시도이었다는 것입니다. 다시 말해 노동자들이 정치와 경제의 실권을 장악한다면, 부정과 부패가 사라질 것이며 시장경제의 확대보다는 계획이 우위를 차지할 것이고 소득불평등은 축소하게 될 것이라는 것입니다. 그러나 현실적으로 고르바초프 혁명은 '국가자본주의'에 의해 질식 상태에 있던 국영기업의 개별 자본들을 해방시켜 자유롭게 임금노동자들을 착취하고, 조금이나마 남아 있던 복지제도도 해체시켜 인민을 더욱 궁핍하게 했습니다.

소련의 볼셰비키혁명, 스탈린의 독재와 개인숭배, 스탈린의 외국 공산주의운동에 대한 잘못된 지시, 강제노동수용소, 남북한 신탁통치와 한국전쟁에 대한 스탈린의 개입, 농업집단화, 트로츠키의 암살, 흐루쇼프의 스탈린 비판, 소련 계획경제의 실상 등에 관한 자료는 매우 많습니다. 한번 찾아서 읽으며 토론해보세요. 고르바초프가 역사적 자료를 공개했기 때문에 이러한 소련 역사는 잘 알려져 있습니다.

소련 정부는 스스로 '자본주의 사회'라고 결코 인정하지 않고 계속 '사회주의 사회'라고 주장합니다. 중국 정부도 '자본주의 사회'가 아니라 '시장사회주의 사회'라고 항상 주장하고 있습니다. 그러나 우리가 어떤 사람을 평가할 때, 그가 "나는 이러저러한 사람이다"고 말하는 것을 그대로 받아들이지 않는 것과 마찬가지로, 소련이나 중국도 마르크스가 정의한 사회주의 사회에 속하는가를 과학적으로 검증해야 할 것입니다.

레닌은 '국가자본주의State Capitalism'를 '프롤레타리아트 국가가 통제하고 규제하는 자본주의'라고 정의했습니다. 그러나 소련에서는 국가가 소유한 기업, 즉 국가기업이 노동자를 착취해 자본을 축적함으로써 생산을 확대했으므로 '국가자본'을 대표한다고 보아야 할 것입니다. 따라서 국가기업 그리고 국가자본이 소련 경제를 지배한다는 의미에서 '국가자본주의'라고 부를 수 있을 것입니다.

↻ 최근 마르셀 판 데르 린던이 쓴 『서구 마르크스주의, 소련을 탐구하다』(황동하 옮김, 서해문집, 2012)가 출간되었는데, 1917년 이래 수많은 지식인들이 소련을 어떤 '사회'로 보았는지를 잘 정리하고 있습니다.

리보위츠(Lebowitz, 2006)가 『21세기형 사회주의를 지금 건설하자』를 써서 차베스Hugo Chávez(1954~)가 이끄는 베네수엘라의 볼리바르 혁명을 찬양하고 이것에 세계의 이목을 이끌었습니다. 사실상 지금 베네수엘라는 자본주의로부터 자개연의 제1단계로 나아가는 '진정한' 이행기에 있습니다.

제 **7** 장

베네수엘라의 이행기 정치경제학*

- 이 글은 『알기 쉬운 정치경제학』(김수행, 2011/1)에도 있는 것이지만, 가장 최근의 사건을 삽입하여 일부 고쳤습니다.

국내외에서 혁명을 지지하는 세력과 반대하는 세력 사이의 투쟁이 날로 심화하고 있습니다. 이런 상황은 역사적으로 그 예를 찾기 힘듭니다. 왜 냐하면 소련과 쿠바의 혁명에서는 이미 조직된 강력한 혁명세력이 있었 으므로 자본주의적 기득권층을 제압하는 것은 매우 쉬웠기 때문입니다. 그런데 베네수엘라에서는 차베스가 1998년 12월 '빈민'의 지지에 의거하 여 '민주주의적 선거'를 통해 대통령에 당선된 뒤부터 비로소 국회의 입법 수단으로 자본주의를 타도하려고 시도했기 때문입니다.

차베스가 집권한 지 13년이 지난 지금도 국가기구의 곳곳에는 혁명반 대 세력(예: 고급 공무원·판사·국회의원·시장·주지사)이 자리 잡고 있으며, 경제도 상품의 생산과 상업의 대부분이 부르주아지의 수중에 있습니다. 거대한 독점 식품회사인 폴라 그룹Polar Group을 국유화하지 못했고, 전국 기업연합체인 페데카메라스Fedecameras(상공회의소)를 해체하지도 못했습 니다. 그리고 식량·의복·의약품의 대부분을 자본가적 수입상에 의존하 고, 부패·사기·투기의 온상인 금융부문은 여전히 국내외의 거대 자본이 지배하고 있습니다. 개인적·사적 이익이 모든 분야에서 공공의 이익을 지배하고 있습니다. 국내외 부르주아 세력이 독점하고 있는 신문·방송·텔레비전은 베네수엘라를 '무법천지'라고 과장 선전하면서 부르주아 이데올로기를 밤낮으로 옹호하고 있으며,• 더욱이 차베스의 암 수술을 널리 알리면서 2012년 10월 7일의 대통령 선거에서는 차베스를 제거해야 한다고 광분하고 있습니다. 다행히 라틴아메리카를 자기의 전통적인 지배권역이라고 여기는 미국 제국주의가 아직은 '무력'으로 차베스 정권을 공격하고 있지는 않지만, 콜롬비아에 마약퇴치용이라는 명목으로 대규모 군사기지를 건설함으로써 베네수엘라의 국내정치를 불안정하게 만들고 있습니다.

이 장에서는 지금까지 차베스는 누구를 정치적 동지로 삼아 무엇을 이룩하려고 시도했으며, 자본주의를 성공적으로 끝장내기 위해 어떤 제도를 구축하고 있는가를 살펴보려고 합니다.

7-1
차베스가 집권하는 과정: 빈민의 힘

차베스가 1998년 12월의 대통령 선거에서 내건 공약은 다음과 같았습니다. "빈민을 대변하겠다", "국회를 해산하고 제헌의회를 열어 헌법을 개정하겠다", "부패를 제거하겠다", "나라의 부를 더욱 균등하게 분배하겠다." 이 공약을 믿고 인구의 60~80%를 차지하는 빈민들이 차베스에게 투표함

• 베네수엘라에서 국영텔레비전의 시청자 비율은 2000년의 2%에서 2010년의 5.5%로 증가했을 뿐입니다.

으로써 차베스가 대통령으로 당선된 것입니다.

베네수엘라에는 세계 최대의 원유매장량을 가진 석유산업이 핵심 산업이고 석유산업에서 거두어들이는 정부 세입이 재정수입의 50% 이상을 차지하므로, 어떤 세력이 정권을 잡아 석유산업을 어떻게 이용하는가가 이 나라의 운명을 좌우하는 중대한 사항입니다. 그런데 두 개의 거대한 보수정당 ― 민주행동당AD과 기독교민주당COPEI ― 이 1958년 푼토 피호 Punto Fijo 협약을 맺어 번갈아 집권하면서, 기득권층의 이익을 옹호하고 서민에게는 전혀 관심을 쏟지 않은 것입니다. 석유 세입을 정부·정치계· 언론계·경제계·학계·노동계 등이 서로 나누어 먹는 이익복합체가 형성되었고, 다른 한편에서는 빈곤층이 거대하게 증가하고 빈부 격차가 극심해지며 실업자가 증가하고 서민들은 기본적인 의료·교육·주택 서비스를 받을 수 없는 상황이 전개되었습니다.

광대한 유전이 거대한 부를 베네수엘라에 제공하지만 빈민은 점점 더 증가하는 이율배반적, 모순적 상황이 큰 사회문제로 제기되었는데도 어느 누구도 이 문제를 다루기를 꺼려했습니다. 선거는 주기적으로 깨끗하게 실시하는데도 사회의 큰 문제는 전혀 해결되지 않는 현상이 "과연 민주주의는 무엇인가?" 하는 의문을 심각하게 제기하고 있었습니다. 이러다가 1989년 2월 민주행동당의 페레스 대통령이 외환위기를 극복하기 위해 IMF의 구제금융을 받는 대가로 IMF의 긴축정책을 실시하기로 했습니다. 이리하여 페레스 대통령이 아무런 사전 통보 없이 버스와 전철 요금을 두 배 올렸고, 이것에 항의해 빈민들이 봉기했는데, 군인들이 달동네 빈민들을 무차별 총살함으로써 카라카스에서 2,000명 이상이 죽은 사건 ('카라카소Caracazo'라고 부릅니다)이 발생했습니다. 이리하여 인구의 대부분을 차지하는 빈민은 겁에 질려 정치에 무관심해지지 않을 수 없었고, 투표의 기권율이 60%에 달하면서 '구세주'를 기다리는 현상이 더욱 두드러지게 되었습니다.

차베스는 육군사관학교를 나와 지역부대를 지휘했고 육군사관학교의 교관(역사와 정치를 가르쳤습니다)을 지내다가 1992년 2월 쿠데타를 일으켰으나 실패해 2년 동안 감옥생활을 했습니다.* 그는 마르크스·엥겔스·레닌을 연구한 마르크스주의자가 아니라, 베네수엘라의 독립운동가 볼리바르Simon Bolibar(1783~1830), 교육운동가 로드리게스Simon Rodriguez(1769~1852), 농민운동가 사모라Ezequiel Zamora(1817~1859)를 연구한 민족·민중운동가입니다.** 그는 기득권층의 과두지배체제를 약화시켜야 베네수엘라가 살아남을 수 있고, 그렇게 하기 위해서는 인구의 대부분을 차지하는 빈민을 각성시켜 정치세력화할 필요가 있다는 것을 일찍부터 통감했습니다.

차베스는 1994년 3월 감옥에서 나오자 군인과 시민의 정치운동 단체로 '제5공화국 운동당MVR: Movimiento Quinta Republica'을 만들어 대통령 선거를 준비했는데, 선거운동의 기본 방향은 군인과 민간인이 협력해 빈민들의 생활을 개선하고 빈민들을 정치세력화하는 것이었습니다. 차베스는 1998년 12월의 대통령 선거에서 빈민들의 거대한 지지에 힘입어 제1차

---

* 이 쿠데타 계획에서는 차베스가 군인을 동원하고 좌파정당인 급진정의당La Causa Radical이 대중을 동원하기로 했는데, 급진정의당이 거사 당일에 나타나지 않았기 때문에, 차베스는 무저항 항복을 선언하고 국방부에서 동료 쿠데타군인과 국민들에게 "이 쿠데타에 대해 내가 모든 책임을 지겠다", "지금은 어쩔 수 없다" 등의 발언으로 빈민들에게 새로운 희망을 주게 되어 국민적 관심을 끌었습니다. 감옥 생활을 2년에 마친 것도 새 대통령이 빈민들의 인기를 얻기 위해 그를 사면했기 때문입니다.

** 차베스는 베네수엘라의 독립운동가 볼리바르를 너무나 존경해서 자기가 수행하고 있는 혁명을 볼리바르 혁명이라고 부르고, 제헌의회에서 통과된 헌법에서는 나라 이름을 '베네수엘라 볼리바르공화국Bolivarian Republic of Venezuela'으로 바꿨습니다.

투표에서 56.2%를 얻어 당선되었습니다.●

차베스는 1999년 2월 대통령에 취임했을 때의 상황을 다음과 같이 묘사했습니다. "나를 반대한 세력이 주정부·지방정부·국회·대법원의 거의 대부분을 차지하고 있었다. 예산은 이전 정부가 짠 것이었는데, 공무원에게 줄 봉급도 없었다. 석유가격을 배럴당 14달러로 계산해 세입을 짰지만 실제로는 7달러였기 때문이다. 그런데 우리의 승리로 국민들의 기대는 매우 높아졌으므로 대통령궁Miraflores Palace 주위에는 실업자와 빈민들이 몰려와 '차베스를 만나 하소연하겠다'라고 하여 나의 자동차가 지나갈 수 없었다"(Harnecker, 2005: 74).

차베스는 군인을 동원해 민간과 연대하면서 빈민들의 문제를 해결하기 시작했습니다. 1999년 4월부터 실시한 '플랜 볼리바르 2000Plan Bolivar 2000'이 그것입니다. 군인들이 도로·병원·학교·가옥을 건설하거나 보수하고, 빈민들에게 의료서비스를 제공하며, 농업과 어업의 근대화에 앞장서고, 직장이 없는 예비군들에게는 '협동조합'을 만들라고 요구해 협동조합을 지원했습니다. 이것은 1989년 2월의 카라카소 사건에 대해 군인들이 빈민들에게 용서를 빈다는 의미도 있지만, 차베스가 지금 당장 동원할 수 있는 인적 자원이 군인뿐이었다는 것을 가리킵니다. 사실상 1999년 12월에 허리케인이 베네수엘라를 급습해 달동네의 산비탈이 무너지면서 빈민 2만여 명이 죽고 10만 명이 집을 잃었는데,●● 이것을 복구하면서 북

● 민주행동당과 기독교민주당이 함께 공천한 살라스 로메르Salas Roemer는 39%를 얻어 2위를 차지했습니다.
●● 이 재앙을 보면서 베네수엘라 가톨릭교회의 최고 신부는 "이것이 바로 차베스를 대통령으로 뽑은 것에 대한 하나님의 심판이다"라고 말했습니다. 가톨릭교회가 얼마나 차베스 정부를 싫어하는가를 단적으로 표현하고 있습니다.

부 도시의 빈민들에게 농토와 가옥을 주면서 인구가 희박한 동부와 남부로 이전시킨 것도 군인이었습니다.

그 뒤 차베스는 2001년 12월에는 전국적으로 볼리바르 서클Bolivarian Circle을 조직해 빈민들을 정치에 참여하게 만들었습니다. 서클의 회원들은 빈민촌인 바리오barrio에서 활동하면서 바리오의 상하수도·주택·의료·전기·노인복지·환경·취업·교육·범죄·질서유지·운동장·문화시설 등의 문제를 지역 주민들과 토론하여 각종 프로젝트를 만들고, 그 프로젝트를 실행할 자금을 정부의 '플랜 볼리바르 2000'으로부터 받아 주면서 지역 주민들이 스스로 그 프로젝트를 완성하게 도와준 것입니다. 그러나 볼리바르 서클은 법적 근거가 없었기 때문에 2006년 4월에는 법적 근거를 가진 주민자치회Communal Council가 새로 설치되어 빈민촌의 공동사업을 볼리바르 서클로부터 물려받았습니다.

주민자치회는 도시에서는 200~400가구, 그리고 농촌에서는 20가구가 모여 결성하는데, 현재 3만 개가 활동하고 있습니다. 주민자치회는 각종 위원회로 구성되어 있으며 위원회의 대변인(대표)은 임기 2년의 선출직이고 소환할 수 있습니다. 주민자치회는 자기 동네의 문제를 스스로 해결하기 위해 필요할 때마다 주민들을 모아서 자기 동네에 무엇이 필요한가를 결정하고, 각각의 프로젝트에는 얼마만큼의 예산이 필요한가를 문서로 만들어 정부 부처에 제출하면, 정부의 전문가가 그 동네에 와서 주민들과 상의한 뒤 프로젝트를 결정하고 그 예산을 주민자치회의 은행계좌에 입금시켜줍니다. 주민자치회가 프로젝트를 완성하면 예산집행 서류와 함께 정부 부처에 보고하고, 정부로부터 회계감독관이 나와 완성된 프로젝트와 예산집행을 승인하면 끝이 납니다. 이것은 '참여민주주의' 또는 '참여예산주의'의 표본이라고 말할 수 있습니다. 왜냐하면 주민들이 정부의 정책 수립과 집행 과정, 특히 예산의 편성과 집행에 집단적으로 참여하고 있기 때문입니다. 이 과정에서 빈민들은 모든 능력을 크게 향상시켰고 사회의 주인의식을 가지게 된 것입니다.

이 볼리바르 서클과 주민자치회가 빈민들을 단결시켜 차베스 정권을 유지하고 있는 셈입니다. 빈민들의 지지에 의해, 차베스가 1998년 12월에 대통령에 당선되었고, 1999년 4월에는 "제헌국회를 선거로 구성할 것인가?"에 대한 국민투표에서 88%의 찬성투표를 얻었고, 7월의 제헌국회의원 선거에서는 차베스 지지자가 131석 중 119석을 차지했습니다. 제헌국회가 제정한 혁명 헌법(베네수엘라 볼리바르공화국 헌법)은 12월의 국민투표에서 71%의 찬성투표를 얻었고, 혁명 헌법에 따른 6년 임기의 대통령 선거(2000년 7월)에서 차베스가 59%의 지지율을 얻어 다시 대통령에 당선되었고, 차베스 지지자들이 국회에서 다수를 차지했으며 주지사와 시장의 다수도 차지했습니다.

그 뒤 2001년 국회가 대통령에게 국회의 동의 없이 입법할 수 있는 '대통령 특별 입법권'을 승인했기 때문에, 차베스는 49개의 개혁법을 제정했습니다. 그중 '토지개혁법'에 따르면, 개인은 5,000헥트아르 이상의 토지를 가질 수 없고, 오랫동안 내버려둔 토지는 정부가 수용해 재분배할 수 있으며, 달동네에서도 10년 이상 거주한 사람들을 토지의 소유자로 인정했습니다. 그런데 농촌의 대토지소유자들은 석유 붐이 일어나던 20세기 초에 이미 도시의 상업과 공업에 투자하기 위해 농촌을 떠났기 때문에 수적으로 적으며, 농업은 국내총생산의 6%를 차지할 뿐이기 때문에, 농지개혁이나 지주계급은 큰 문제가 되지 않았습니다.* 그리고 '석유산업 국

* 거대한 토지소유계급이 없기 때문에 베네수엘라는 브라질이나 아르헨티나에 비해 사회개혁

유화법'에 따르면, 이전의 정부가 약속한 민영화는 완전히 폐기되고 정부의 개입이 훨씬 강화되었는데, 국영석유회사PDVSA는 외국회사와의 합작투자에서 반드시 51% 이상의 주식을 소유해야 하고, 유전 사용료의 최소한도는 30%이며, 국영석유회사는 해외투자보다는 국내의 사회개발프로젝트(예: 실업자를 고용하는 협동조합이나 빈민을 위한 학교와 병원)에 더욱 많은 돈을 지출해야 합니다. 석유회사를 민영화해서 그 주식의 상당한 부분을 해외투자자에게 팔아 이익을 보려던 기존의 경영진과 노동조합은 크게 실망하지 않을 수 없었습니다.

7-2
혁명을 반대하는 쿠데타와 자본파업 및 대통령 탄핵

자본가적 기득권층은 차베스 정부를 반대할 뿐 아니라 타도하려고 노력했습니다. 첫 번째 사건은 2002년 4월 11일(목)에 일어난 우익 군부쿠데타였는데, 차베스 혁명에 반대하는 정당·경제단체·노동조합·신문·방송·텔레비전·지식인·미국 정부 등이 모두 배후 지원세력이었습니다. 대통령궁에 억류된 차베스는 '조건부 사임'을 제의했습니다. '나의 사임서는 국회에 제출되어야 한다', '헌법은 존중되어야 한다', '대통령궁에 있는 사람들의 신체적 안전은 보장되어야 한다', '국외 탈출은 모두에게 보증되어야 한다' 등의 네 가지였습니다. 쿠데타 세력은 '조건부 사임'을 거부했고 차베스는 사임을 취소했습니다. 4월 12일(금) 새벽 4시 쿠데타군은 차베스를 대통령궁에서 떨어진 군사기지로 이송하고, 차베스가 "대통령직

을 보다 쉽게 수행할 수 있었습니다.

을 사임했다"는 거짓정보를 언론에 발표하면서 새 대통령으로 이번 쿠데타에 가담한 상공회의소 회장 카르모나Pedro Carmona Estanga를 선임했습니다. 카르모나는 '민주주의'를 옹호한다고 말하면서, 국회와 대법원을 폐쇄하고 선출된 주지사와 시장을 파면하며 헌법을 폐기하고 베네수엘라의 이름에 '볼리바르'라는 단어를 뺀다고 선언했습니다. 대통령을 기소하는 검찰위원장*은 조사과정에서 차베스가 사임하지 않은 것을 알고 이 사실을 텔레비전에서 증언했습니다. 4월 13일(토) 달동네 빈민들이 봉기하고 차베스 지지군인들이 출동함으로써 차베스는 석방되고 새 대통령과 쿠데타 가담인사들은 체포되었습니다. 4월 14일(일) 차베스는 감금되었던 군사기지에서 대통령궁으로 되돌아옴으로써 쿠데타는 막을 내렸습니다. 그런데 2002년 8월 대법원은 쿠데타 가담자들(군인과 민간인)에게 무죄를 판결하고 모두 석방했습니다. 대법원에도 차베스 반대파가 다수를 차지했기 때문입니다.

두 번째 사건은 2002년 12월에서 2003년 3월까지 경제계가 차베스 정권을 경제적으로 몰락시키기 위해 생산중단과 공장폐쇄 등 '자본파업'을 단행했습니다. 생산 감소, 물가 상승, 생필품 부족, 실업 증대 등 경제는 큰 혼란에 빠졌습니다. 경제계는 특히 토지개혁법, 석유산업 국유화법, 빈민지원제도에 크게 반대했습니다. 국영석유회사인 페데베사 PDVSA(하루 300만 배럴의 석유를 생산하고 연간 650억 달러의 수익을 얻는 라틴아메리카에서 두 번째로 큰 회사)의 경영진과 어용노동조합(CTV)**의 간부들이 결

* 베네수엘라의 국가기구는 5부로 구성되어 있는데, 행정부·입법부·사법부·검찰위원회·선거위원회가 그것입니다.
** 어용노동조합연맹 CTV Confederation of Venezuelan Workers은 1936년 창립되었는데, 2002년 4월의 군사쿠데타에도 가담하고 2002년 12월~2003년 3월의 자본파업에도 참가했습니다.

탁해 석유공장의 생산을 거의 마비시켰습니다. 그러나 정부는 퇴임기술자들을 불러들이고 미숙련노동자들을 교육시켜 2003년 2월경에는 생산을 거의 회복했으며, 2003년 3월에는 파업에 참가한 경영진 전체와 노동조합원 등 1만 8,000명(종업원 전체는 4만 명이었습니다)을 해고했습니다. 이 자본파업 동안 서민들은 석유부족·전기부족·식량부족·교통마비 등으로 큰 고생을 겪으면서 점점 더 정치의식을 쌓게 되었습니다. 자본파업 때 대형 슈퍼마켓도 문을 닫았으므로, 정부는 서민들에게 생필품을 공급하기 위해 빈민촌마다 미시온• 메르칼Mision Mercal이라는 슈퍼마켓을 신설해 국내 중소기업의 공산품과 식량을 세금 없는 가격으로 싸게 팔았습니다. 그 뒤 곧 차베스를 지지하는 노동자들은 UNTNational Union of Venezuelan Workers라는 전국노동자연합을 새로 만들어 어용노동조합(CTV)에 대항했습니다.

차베스 정권을 축출하려는 세 번째의 시도는 2004년 초부터 시작된 차베스에 대한 탄핵운동이었습니다. 혁명 헌법에는 "등록한 유권자의 20%의 동의를 얻으면 대통령에 대한 탄핵 국민투표를 요구할 수 있다"는 규정이 있습니다. 국가의 '선거위원회'는 2004년 6월 차베스 반대세력이 대통령 탄핵 국민투표에 필요한 서명을 받아 왔다고 발표하고 국민투표일을 8월 15일로 알렸습니다. 국민투표에서 투표자의 59%가 탄핵을 반대함으로써 차베스는 대통령직을 유지할 수 있었습니다. 차베스는 탄핵 반

CTV는 '노동귀족 노동조합bosses' union'으로서 경영진과 집권정당과 가까이 지내면서 예컨대 석유회사의 막대한 이윤을 서로 갈라 먹고 있었는데, 차베스가 석유회사의 민영화를 거부하고 이익금의 대부분을 정부로 이전하라고 하니까 큰 수입원천을 잃어버리게 되어 차베스 정권의 축출운동을 벌인 것입니다.

• 미시온Mision은 '군사작전'을 가리키는데, 차베스는 사회지원 프로젝트의 건설을 미시온이라 불렀습니다.

대표를 증가시키기 위해 정당 대신에 투표홍보단electoral patrol을 조직하여 유권자를 설득했습니다.

탄핵 국민투표 부결 이후 2006년 12월에 차베스가 대통령에 다시 당선 되었습니다. 그리고 2007년 5월 27일에는 정부가 극우텔레비전 RCTV의 방송전파 사용권을 재인가하지 않자 차베스 반대세력이 세계 전체에 대해 차베스 정부의 '독재성'을 부각시키려고 노력함으로써 세계 전체가 차베스를 알게 될 정도였습니다. 그러나 워낙 RCTV가 차베스와 정부에 대한 끊임없는 허위 보도, 미풍양속을 해치는 선정성과 폭력성 등으로 이미 정평이 나 있었기 때문에 국내적으로는 큰 문제가 되지는 않았습니다. 현재 이 채널에서는 베네수엘라 사회텔레비전TVes이 공영 방송을 하고 있지만, 텔레비전 채널 전체로 볼 때는 아직도 거대 국내외 자본에 의한 과점적 지배가 계속되고 있습니다.

차베스 정부는 2007년 8월 헌법개정안을 국회에 제출했는데, 그 핵심은 대통령의 '연임 제한'(세 번 이상 연임할 수 없다)을 철폐하고 임기를 6년에서 7년으로 연장하는 것, 하루의 노동시간을 8시간에서 6시간으로 단축하는 것, 중앙은행에 대한 대통령의 통제력을 강화하는 것, 주민자치회를 국가기구의 제6부로 승격하는 것 등이었습니다. 이 헌법개정안은 12월 2일의 국민투표에서 51% : 49%로 부결되었습니다. 그리고 2010년 9월 26일의 국회의원 선거에서는 야당이 165석 중 65석을 차지함으로써 여당인 통합사회당PSUV과 좌파정당이 2/3 의석을 차지하지 못하게 되었고, 득표 면에서는 야당이 오히려 더 많은 표를 얻었습니다. 2012년 10월 7일의 대통령 선거에서는 3선을 노리는 차베스와, 야당들의 선거연합 MUDDemocratic Unity Table의 후보 엔리케 카프릴레스 로돈스키Henrique Capriles Rodonski(40세)가 대결하게 되어 있습니다.

7-3
혁명 사업의 추진 과정

1) 빈민의 힘: 주민자치회와 코뮌

차베스 정부는 빈민의 생활을 개선하고 능력을 향상하는 것에 큰 업적을 올렸습니다. 정부는 2003년부터 여러 가지 미시온을 실시했습니다. 미시온 바리오 아덴트로Barrio Adentro는 제1차·2차·3차 진료기관을 쿠바 의사 (약 2만 명)와 함께 무료로 운영하는 곳입니다. 미시온 부엘반 카라스 Vuelvan Caras는 실업자에게 직업교육을 실시하는 곳인데, 여기를 졸업한 사람들은 협동조합 공장(정부나 국영기업이 지원한다)에 취업하게 됩니다. 빈민에 대한 교육사업으로는 미시온 로빈슨Robinson(문맹퇴치와 초등교육), 미시온 리바스Ribas(학업을 중도에 포기한 사람들을 위한 재교육 프로그램. 중고등과정), 미시온 수크레Sucre(무료 전문대 과정), 미시온 구아이카이푸로 Guaicaipuro(원주민 교육) 및 볼리바르 대학(무료 종합대학)이 있습니다. 이 밖에도 미시온 비비엔다Vivienda(주거문제), 미시온 사모라Zamora(농지문제), 미시온 메르칼(슈퍼마켓), 미시온 코무니카시온(지역 공동체의 텔레비전과 라디오 등 지원), 미시온 쿨투라(지역 문화사업 지원) 등이 있습니다.

빈민문제의 해결에서 특징적인 것은 빈민이 실제로 문제 해결에 참여하여 자기의 능력을 향상시킨다는 점입니다. 예컨대 카라카스의 카티아 CATIA 지역 텔레비전 방송국은 동네 빈민들이 스스로 카메라를 들고 나서서 사진을 찍고 프로그램을 만들어 동네에다 방송하고 있습니다. 이 방송국은 거대 방송의 상업주의·선정주의·엘리트주의·폭력성을 타파하기 위해 7명의 언론활동가가 만든 것인데, 동네 주민들의 민주 역량을 향상시키면서 동네를 변화시키고 있습니다. 이 방송국은 차베스 정부가 철도가의 허름한 양철집을 장기 대여해주었고, 기타 경비는 미시온 코무니카시온이나 기업으로부터 받은 프로젝트로 조달하고 있습니다.

주민자치회는 처음에는 동네 빈민촌의 각종 문제들을 해결하기 위한 프로젝트를 계획·수립하고 정부로부터 예산을 배정받아 완성하는 것이 주된 사업이었는데, 점차로 몇몇 주민자치회들이 결합하여 코뮌Commune을 창설하게 되었습니다. 아래에서 다시 논의하는 바와 같이, 코뮌은 지역 사회의 기업들과 정부기관의 의사결정에 직접 참여함으로써 인민의 세력을 확대하여 권력의 분산, 공동소유, 자치를 증진하고 있습니다.

2) 협동조합

차베스는 1999년부터 실업을 축소하고 노동자의 능력을 양성하기 위해 협동조합의 설립을 격려하기 시작했습니다. 정부는 협동조합의 창업, 협동조합의 생산과 회계에 관한 훈련, 전통적 기업들이 협동조합으로 전환하는 것 등에 자금을 지원했습니다. 협동조합이 가장 많을 때는 26만 8,000개나 되었지만, 그 대부분은 정부의 대출이나 계약을 따기 위해 세운 것으로 위계적 의사결정 구조를 가진 '전통적' 협동조합이었고, 노동자들이 서로 연대하여 함께 일하면서 결과를 나누어 가지는 '진정한' 의미의 협동조합, 그리고 작업장에서도 민주주의가 실행 가능하다는 것을 보여주는 협동조합은 아니었습니다. 그러나 지금 기능하고 있는 6만 개의 협동조합은 그런대로 괜찮고 남미 나라들 중에서는 그 수가 가장 많습니다. 노동자들이 정부의 지원으로 공장을 세우고 실업자를 고용하여 정부가 요구하는 생산물(예: 군인들의 구두와 의복)을 만드는 것이 협동조합 공장의 특징인 것 같습니다. 그러나 국영기업 중에는 국가가 주식의 51%를 가지고 노동자들이 노동조합 대신 '협동조합'을 만들어 주식의 49%를 가지는 경우가 있는데, 이런 형태를 베네수엘라에서는 '공동경영cogestion, co-management'이라고 부릅니다.

3) 공동경영

차베스 정부는 정치적·경제적으로 노동자계급보다는 오히려 빈민에 더욱 크게 의존하고 있습니다. 차베스는 "베네수엘라에는 마르크스가 말한 종류의 의식적이고 전투적인 노동자가 없기 때문에 마르크스주의를 받아들이지 않는다"고 말한 바 있습니다. 또한 차베스는 가장 큰 노동조합 연맹(CTV)이 대기업의 정규직 노동자를 중심으로 하는 어용노조이고, 노동조합 이기주의에 빠져, 비정규직이나 '비공식부문informal sector'(행상이나 소규모의 개인서비스업 등)의 노동자 등 노동계급 전체나 사회 전체의 이익을 돌보지 않는다는 점을 비판했습니다. 이리하여 그는 노동조합이나 노동자치회Workers' Council가 홀로 국영기업을 관리해서는 안 되고, 노동자치회뿐 아니라 주주 대표, 지역 사회(코뮌) 대표, 소비자 대표 등 이해당사자들 모두가 기업의 경영·관리에 참가해야 한다고 주장했습니다.

차베스의 이런 노동자에 대한 관념은 2002년 12월~2003년 3월에 일어난 '자본파업'을 계기로 조금 수정되어 기업의 경영에 노동자가 참여하는 경우가 생겼습니다. 이것을 가리켜 공동경영이라고 부르고 있는데, 이것에는 대체로 세 가지 형태가 있습니다.

첫째로 국영석유회사(페데베사)와 국영전력회사CADAFE 등의 일부 노동자들이 2002년 12월 이후의 자본파업에 반대하면서 생산을 계속한 것에 대한 감사의 표시로 차베스 정부가 각 회사의 이사회에 두 명의 노동조합 대표를 참석하게 했는데, 이것이 하나의 공동경영 형태입니다. 노동조합의 대표 두 사람이 정부가 임명하는 다수의 이사와 함께 회사의 주요 사항을 결정하게 되므로 정부와 노동조합의 공동경영이라고 말하고 있습니다. 그러나 이런 형태의 공동경영에서는 노동조합의 의견이 이사회를 통과하기가 어렵고, 따라서 노동조합은 회사 경영에 실질적 발언권을 가질 수가 없습니다. 따라서 전력회사 카다페의 경우 노동조합 대표 한 명은 이사회에 참석하기를 거부했습니다. 그런데 경영자 측은 노동조합 대표들이 과거의 관행 ― 노동조합 이기주의, 취업을 알선하고 금품을 받는 것 등 ― 을 계속하고, 경영진에게 온갖 경영상의 문제점을 제기하면서 경영의 투명성을 요구하는 등 경영진을 압박한다고 노동조합을 비난했습니다. 이리하여 차베스 정부는 석유와 전력과 같은 '전략적' 산업에서는 위와 같은 공동경영까지도 곤란하다는 입장을 나타내고 있습니다.

둘째 형태의 공동경영은 정부가 사기업을 국유화하면서 노동자들을 경영에 참여시킨 경우인데, 인베팔INVEPAL(종이 생산 기업)과 인베발INVEVAL (밸브 생산 기업) 등이 여기에 속합니다. 인베팔의 전신인 사적 기업 베네팔VENEPAL은 1990년대 말부터 자금 사정이 어려웠는데 2002년 말의 자본파업에 동조함으로써 경영이 더욱 어렵게 되었습니다. 이리하여 2004년 파산을 선고받고 900명의 노동자를 해고했는데, 그중 350명이 이 기업을 인수하겠으니 정부가 지원하라고 요구했습니다. 2005년 1월 차베스 정부는 막대한 자금을 투자해 그 기업을 국유화하고 노동자들과 함께 공동경영하면서 이름을 인베팔로 바꿨는데, 그때까지 펄프를 칠레로부터 수입하던 것을 국내에서 조달함으로써 내생적 발전endogenous development 이라는 국가계획에 기여하게 된 것입니다. 이제 노동자들은 노동조합이 아니라 '협동조합'을 구성해 이 기업의 주식 49%(정부가 51%)를 소유하고 있습니다. 그런데 이 협동조합이 새로운 노동자를 고용하면서 모두를 '임시직 계약노동자'로 취급해 자기의 협동조합에 참가시키지 않는 사건이 발생해 큰 논쟁거리가 되었습니다.

인베발의 경우도 거의 비슷합니다. 사적 기업 CNV가 2002년 12월 자본파업에 참가해 공장을 폐쇄하면서 330명의 노동자들에게는 임금과 사회보장기여금 등을 보상하지 않았습니다. 약 65명의 노동자들은 기업주에게 보상을 요구하고 기업의 문을 열어 다시 고용하라고 노동법원과 노동부를 찾아다니면서 2003년부터 2005년 4월까지 투쟁했습니다. 이즈음에 차베스가 2005년 1월 브라질의 포르투 알레그레에서 열린 세계사회포럼(WSF)에서 베네수엘라의 사회주의화를 선언했고, 또 인베팔의 국유화도 이루어졌으므로, 정부는 기업주와 협의해 기업의 모든 채무를 정부가 떠안는 조건으로 2005년 4월 CNV를 국유화하고 이름을 인베발로 바꾸면서 노동자들과 공동경영하게 된 것입니다. 여기에서도 정부가 주식의 51%를 소유하고 노동자들이 협동조합을 만들어 주식의 49%를 소유하고 있습니다.

셋째 형태의 공동경영은 경영난에 빠진 기업들에게 정부가 지원하면서 현재의 노동자를 계속 고용할 것과 그들에게 경영에 참여시킬 것을 요구한 결과로 생긴 것입니다. 이리하여 노동조합이 제한적으로 경영에 참여하게 된 것으로써, 이런 형태가 베네수엘라의 공동경영의 대부분을 차지하고 있습니다. 이런 형태는 자본가와 노동자가 거의 동등한 자격으로 기업을 경영한다는 의미의 공동경영과는 매우 다릅니다.

4) 노동자치회 또는 노동조합

어용노조 CTV에 대항하여 민주노조연맹 UNT가 미조직된 비공식부문의 노동자를 많이 흡수하면서 진정한 노동운동을 시작했습니다. UNT에는 5개 정파가 가입해 있는데, 가장 큰 정파는 '계급적 단일 혁명자주파 C-CURAClassist Unitary Revolutionary and Autonomous Current'이고 이 정파가 다른 4개의 소수정파를 합한 것보다 조합원이 더 많습니다. 소수의 4개 정파는 무조건 차베스 정부를 지지해야 한다고 주장하지만, C-CURA 정파는 노동운동은 차베스 정부에 대해서도 자주적 입장을 취해야 한다고 주장합니다. 그런데 UNT는 '기업별·기능별로 분할되어 있는' 노동계급을 통일하지 못하고 오히려 '관료화시킨다'는 비판을 받고 있습니다. 왜냐하면 주요 사항을 서로 토론하여 결정하지 못하고 지도부가 아래에 대해 어떤 것을 강요하는 형태를 주로 취하기 때문입니다.

차베스는 자본파업을 경험한 이후, 공장을 노동조합에 맡기는 것은 위험하다는 생각과, 공장을 경영자나 기술자가 아니라 일반노동자들에게 맡기더라도 기술적으로는 큰 문제가 없다는 생각을 동시에 가지게 된 것 같습니다. 이 두 가지 생각에 근거해, 차베스는 노동조합의 자주관리 self-management를 꺼려하면서 공장 소재지 지역 사회의 주민자치회와 코뮌, 소비자단체, 환경단체, 원료공급회사, 노동자치회(또는 노동조합) 등 이해당사자들이 공장을 공동으로 관리·경영하는 것을 선호하고 있습니다.

이렇게 되면 노동세력은 인민세력에 비해 힘을 잃을 수밖에 없습니다. UNT의 최대 정파(C-CURA)는 새로운 사회는 마르크스가 말한 "자유로운 생산자들의 연합"이 되어야 한다고 말하면서 차베스의 정책에 반대하고 있습니다. 원래 C-CURA는 국영기업 이사회에 노동조합 대표가 참가하는 형태의 정부 - 노동조합의 공동경영을 완전한 '노동자 자주관리'로 나아가는 이행형태로 간주하고, 앞으로 정부가 국영기업의 경영을 점점 더 노동조합에 맡김으로써 관료주의적 국가자본주의적 생산관계를 축소시킬 것을 요구했던 것입니다. 그런데 지금은 오히려 노동자의 자주관리와는 반대 방향으로 가고 있다고 우려하고 있습니다.

그런데 정부와 C-CURA가 모두 우려하는 현상은, 정부의 재원에 의해 설립된 공동경영 기업이나 자주관리 기업 또는 협동조합에서 노동자들이 마치 진짜 주주 또는 사적 자본가처럼 느껴 개인주의적·이기주의적·소부르주아적 정신으로 자기 자신의 이익만을 챙기고 사회 전체 또는 인민 전체의 이익을 망각하는 경우입니다. 새로운 노동자들을 고용하지 않는다든가, 새로운 노동자를 모두 임시직으로 간주하여 협동조합 회원으로 가입시키지 않는다든가, 기업의 이윤을 자기들만 나누어 가지는 것 등입니다. 이것은 베네수엘라의 노동계급이 수백 년에 걸친 식민지적·자본주의적 소외를 겪는 과정에서 생긴 정신적 퇴화의 산물일 것입니다. 그러나 이런 현상이 심화하면, 유고슬라비아의 자주관리처럼 상이한 기업들 사이의 경쟁과 노동자들 사이의 경쟁, 자본주의적 무정부 생산, 노동자의 소외 등 결국 자본주의를 재생하지 않을 수 없을 것입니다. 더욱이 정부의 재원으로 설립된 위와 같은 공동경영이나 협동조합은 기계와 원료의 구입, 상품의 판매 등을 통해 국내외 독점자본과 연계를 맺고 있기 때문에 독점자본의 축적에 기여하게 된다는 점입니다. 결국 정부가 인민들과 함께 국민경제 전체의 발전계획을 세워야만 각각의 분야들 사이의 상호관계를 합리적으로 조정할 수 있을 것입니다.

5) 인민권력의 강화

국영기업들이 자본가들의 이윤획득과 자본축적에 봉사함으로써 자본주의체제를 강화할 위험에 대비하기 위해, 차베스 정부는 이미 있는 법들 ― '주민자치회법', '정부연방주민자치회법' ― 이외에 5개의 '인민권력법'을 2010년 12월까지 국회를 통과시켰습니다. 즉 '인민권력기본법The Organic Law of Popular Power', '인민적 공공계획 기본법The Organic Law of Popular and Public Planning', '코뮌기본법The Organic Law of Communes', '사회감찰기본법The Organic Law of Social Auditing' '코뮌경제의 발달과 증진을 위한 기본법The Organic Law for the Development and Promotion of the Communal Economy' 등이 그것입니다.

이런 '인민권력법'은 모든 권력이 인민에게 있다는 것을 구체화하는 것입니다. 주민자치회, 정부연방주민자치회, 코뮌, 노동자치회, 주의회, 지방의회 등이 전국의 공공계획과 예산·결산을 토론하고 결정하며 감찰하는 과정에 참여하게 만든 것입니다. 지역 사회의 국영기업이나 공동경영 공장이나 협동조합 공장 등은 모두 노동자치회뿐 아니라 주민자치회와 코뮌의 필요와 욕구를 충족시켜야 하며, 전국 차원의 개발계획도 마찬가지라고 규정한 것입니다. 정부와 국회의 기능이 상당히 분산될 것입니다. 권력의 집중을 막고 지역 사회에 의거한 코뮌적·민주주의적·참여적·혁명적 국가의 발달을 위한 조건을 창설하고 있는 셈입니다.

경제와 공장의 사회주의적 조직화에서 베네수엘라는 '사회적 소유'와 '다수가 참여하는 사회주의적 관리'라는 새로운 모델을 채택하고 있다고 보면 될 것입니다. 관료화, 부패, 권력과 부의 집중을 막기 위해 국가의 대표자 이외에 상이한 이익그룹 ― 주민자치회, 코뮌, 노동자치회 등 ― 의 대표자들이 경제적 결정과 운영에 참여함으로써, 인민대중의 능력을 개발하고 사회 전체의 자유와 평등과 번영을 달성하려고 하는 것입니다.

6) 통합사회당과 GPP

차베스 정부는 혁명을 장기에 걸쳐 성공적으로 완수하기 위해서는 거대한 지지세력을 하나의 정당으로 결집시키는 것이 필요하다고 생각하여 2007년 3월부터 '통합사회당PSUV'을 창설하기 시작했습니다. 그런데 이 당은 정부에 의존하는 고급공무원들(예: 시장·주지사)이나 국회의원이 지배하며 노동자나 농민 등 인민대중의 세력은 매우 취약합니다. 인민대중이 당을 건설해야 하는데, 당이 오히려 인민대중을 지도하려고 합니다. 2010년 9월의 국회의원 선거에서는 인민대중 출신의 후보가 매우 적었습니다. 통합사회당에는 수직적 관료주의가 지배하여 각종의 투쟁을 연결하여 시너지효과를 거두는 운동에는 크게 기여하지 못하고 있습니다.

이리하여 2012년 10월에 있을 대통령 선거에서 차베스를 지지하기 위해 인민대중운동들이 2011년 10월 '위대한 애국 기둥GPP: Great Patriotic Pole'을 창설했고, PSUV도 GPP와 함께 선거운동에 참여하고 있습니다.

7-4
대외관계

차베스 정부는 미국이 제안하는 '남북아메리카 자유무역지대FTAA'의 결성에 반대했습니다. 왜냐하면 FTAA는 신자유주의적 경제통합으로서 이익을 보는 측은 초국적기업과 국내의 엘리트들뿐이기 때문입니다. 이리하여 차베스와 카스트로는 2004년에 라틴아메리카의 여러 나라들이 힘을 합쳐 빈곤과 실업 및 외채를 해결하는 방법을 찾기 위해 '알바 ALBA'(Bolivarian Alliance for the Peoples of Our America 또는 Bolivarian Alternative for the Americas)의 구성을 제안했습니다. 현재 회원국은 쿠바, 베네수엘라, 니카라과, 에콰도르, 볼리비아, 도미니카, 세인트 빈센트 그레나딘, 앤티가 바부다 등 8개국이며, 앞으로 아이티, 수리남, 세인트루시아가 가입할 예정입니다.

이 '알바'가 추진하는 나라들 사이의 연대·협력의 유익성은 '페트로카리브Petrocaribe'(카리브 나라들이 베네수엘라로부터 석유를 싼 값으로 구매하는 동맹)에서 충분히 드러나고 있습니다. 첫째의 예는 베네수엘라와 쿠바와의 국제거래였습니다. 베네수엘라는 쿠바에게 석유를 최저가격으로 공급하고, 쿠바는 이것에 대한 보답으로 다수의 의사와 교사들을 베네수엘라에 파견하여 병원과 학교에서 봉사하게 했던 것입니다. 둘째의 예는 베네수엘라와 니카라과 사이의 국제거래였습니다. 베네수엘라는 니카라과에 석유를 시장가격으로 판매하고, 그 대금의 50%는 90일 이내에 현금이나 니카라과의 농산물과 공산물로 갚을 수 있고, 나머지 50%는 연 2%의 이자율로 25년 뒤에 갚아도 되었습니다.

이 '페트로카리브'의 현재의 거래조건은 베네수엘라가 공급하는 석유의 대금을 연 1%의 이자율로 25년에 걸쳐 상환하는 것인데, 현금이 아니라 각국의 생산물로 상환할 수도 있습니다. 이 '페트로카리브'는 IMF, 세계은행, 자유무역협정 등이 강제하는 대출과 상환의 조건이나, 타국의 유치산업을 파괴하고 단일작물 경작에 얽매는 것과는 전혀 다르기 때문에, 카리브공동시장Caricom의 회원국 다수가 페트로카리브와 알바에 참가하고 있습니다.

2012년 2월 4~5일 베네수엘라의 카라카스에서 열린 제11차 ALBA 정상회담은 다음과 같은 것을 결정했는데, 이것을 보면 알바의 역할을 잘 알 수 있습니다.

① '알바 은행The Bank of ALBA'(2008년 창설)의 준비자금으로 모든 회원국은 자기의 외환보유고의 1%를 기여하기로 했습니다. 베네수엘라는 3억 미국달러를 기여할 예정입니다. 알바 은행은 IMF와 세계은행의 제국주의적 간섭(예: 구조조정정책)에 대항하여 '조건 없는' 대출을 제공하기 위해 창설된 것입니다.

② 2011년에 ALBA 회원국 사이에 지역화폐 '수크레'를 사용한 거래가 431건, 2억 1,600만 미국달러에 달했는데, 앞으로도 계속 무역에서 '수크레'의 사용을 증가시키기로 했습니다. 세계화폐인 미국 달러의 과잉·부족과 가치 급변에 대처하기 위해 '알바'는 라틴아메리카 자신의 지역화폐로 '수크레SUCRE'(라틴아메리카의 독립영웅이었던 안토니오 호세 데 수크레Antonio José de Sucre의 이름을 빌린 것)를 만들어 '알바' 회원국 사이에 '계산화폐'로 사용하기로 했던 것입니다.

③ 제국주의에 반대하는 성명으로 시리아에 대한 외부세력의 간섭을 비난하고, 아르헨티나의 포클랜드 섬Falklands에 대한 영국의 무력 사용을 반대하며, '아메리카국가기구OAS: Organization of American States'가 쿠바를 제외하려는 태도를 비난하고 오는 4월 콜롬비아 회의에 쿠바를 초청하지 않으면 OAS에 참가하지 않을 것을 고려하기로 했습니다.

④ 아이티에 대한 인도주의적 지원을 강화하기로 했습니다. 미국과 기타의 제국주의국들은 지진으로 굶주리는 아이티 주민들을 값싼 노동자로 착취하고 있다고 비난했습니다.

⑤ 수리남 Surinam, 세인트루시아 St. Lucia, 아이티를 정회원으로 영입하는
절차를 취할 것을 결의했습니다.

이런 국제적 연대를 통해 차베스 정부가 미국의 제국주의적 침략을 막
아낼 수 있을까요? 현재 미국이 차베스 정부를 '무력으로' 공격하지 못하
고 있는 이유는 대체로 다음과 같습니다. 미국이 이라크 전쟁, 아프가니
스탄 전쟁, 북아프리카 사태, 시리아 사태, 북한 사태 등으로 정신이 없고,
대통령 선거가 2012년 11월에 다가오기 때문이며, 차베스가 모든 정책을
헌법과 법률에 따라 민주주의적으로 실행하고, 차베스 정부가 거대한 인
민들의 열렬한 지지를 받고 있기 때문이고, 미국은 석유 수입의 15%를 베
네수엘라에 의존하며, 차베스와 비슷한 철학을 가진 대통령이 볼리비아
와 에콰도르 및 니카라과에서 탄생했기 때문입니다. 그러나 미국 정부가
군사쿠데타나 차베스의 암살이나 직접적인 군사적 침략을 포기했다고 말
할 수는 없습니다. 사실상 미국 정부는 1973년 9월 피노체트 장군이 쿠데
타를 일으키게 함으로써 칠레의 아옌데 정부를 전복시켰고, 1980년대 니
카라과의 산디니스타 게릴라 정부를 무력으로 타도한 전력이 있기 때문
입니다. 특히 베네수엘라와 국경을 나누고 있는 콜롬비아는 미국 원조를
세계에서 다섯 번째로 많이 받는 나라이고, 수도 보고타에 있는 미국 대
사관은 세계에서 제일 크며, 미국이 마약과의 전쟁을 벌인다고 그곳에 미
국특수부대나 용병들을 많이 주둔시키고 있기 때문입니다.

7-5
사회주의 혁명의 전망

차베스가 대통령으로 처음 당선된 1998년 12월 이래 14년이 되어가는 지금도 여전히 자본주의적 노자관계가 '지배적'이라는 사실은 자본주의로부터 사회주의로의 이행기가 매우 위험한 기나긴 여정이라는 것을 잘 보여주고 있습니다. 억압과 착취에 수백 년을 시달리던 '빈민'을 사회의 주체로 육성하고 훈련시켜 사회주의 혁명의 기둥이 되게 한 것은 차베스의 볼리바르 혁명의 '독창적' 발상이고 '21세기형 사회주의'라고 불러도 좋을 내용을 가지고 있습니다. 그리고 주민자치회와 코뮌 등 사실상의 빈민운동단체가 국영기업의 정책결정과정과 국가의 예산편성과정에 참여하는 것도 인민세력을 증대시켜 국가소유의 관료적 횡령이나 노동자 자주관리의 자본주의적 일탈을 저지하는 제도적 장치로서 새로운 의미를 가지게 되었습니다.

그러나 빈민은 인민세력의 증대와 함께 점차로 사라지는 집단이며, '오랫동안 자기를 희생하면서 장기적 목적을 달성할 수 있는' 여유를 가지지 않는 집단입니다. 다시 말해 빈민은 점차로 '노동하는 개인들'로 성장·전환할 것이고, 이리하여 '노동하는 개인들의 연합'이 사회주의 혁명을 주도하지 않을 수 없을 것입니다. 이런 상황이 온다면, 전국의 노동자치회 Workers' Council가 전국의 생산수단과 노동인력을 어떻게 사용하여 모든 주민의 필요와 욕구를 충족시킬 것인가 하는 것이 경제계획의 핵심과제가 될 것입니다. 물론 여기에서도 '사회적 소유'와 '다수가 참여하는 사회주의적 관리'라는 볼리바르 혁명의 원리는 그대로 적용될 것입니다.

2012년 10월의 대선에서 차베스가 다시 대통령에 당선되는 것이 지금까지 계속된 사회주의 혁명의 완성을 위해 필요할 것입니다. 차베스는 1년 전에 암 수술을 쿠바에서 받았지만 지금 야당들은 차베스의 건강을 선거 쟁점으로 삼고 있습니다. 또한 야당들은 차베스의 제국주의 반대 입장을 비난하는 외국 정부와 기업과 협력하여 차베스 정부의 독재와 부패를 과장 선전하고 있습니다. 비록 '인민세력법'이 상당한 정도로 인민들의 민주주의적 참여를 보장하고 있기는 하지만, 여전히 자본주의적 이윤 추구와 투기가 경제생활을 지배하고 개인주의와 이기주의가 인민들의 정신을 지배하고 있기 때문에, 지금까지의 혁명성과를 뒤집는 것은 매우 쉬울 것입니다. 더욱이 국내 자본가들이 미국의 군사적·물질적 원조를 요청하기 시작하면, 베네수엘라는 차베스 이전과 같은 신식민지적 억압과 착취에 시달리게 될 것입니다. 그러나 2012년 7월 현재 차베스의 건강에는 문제가 없으며 야당 후보보다 여론조사에서 크게 앞서고 있습니다.

*** 더 읽을 거리 & 토론 거리

영국신문 ≪가디언≫의 베네수엘라 특파원이었던 고트(Gott, 2005)는 차베스와 볼리바르 혁명을 사건 중심으로 잘 설명하고 있습니다.
쿠바와 베네수엘라가 라틴아메리카의 좌파세력을 대표하고 있지만, 두 나라의 혁명 과정은 매우 다릅니다. 게릴라전에 의한 집권과 민주주의적 선거에 의한 집권, 산업 전체에 걸친 일사불란한 국유화와 자본주의 속에서 자라나는 사회주의적 소유·경영, 사탕수수 산업의 몰락과 석유산업의 성황, 미국의 경제봉쇄와 알바를 통한 세력 규합 등. 그러나 두 나라가 '사회주의 사회'를 건설하는 것에 성공할지는 아직도 알 수 없습니다.

결론

마르크스가 예측한 자본주의 이후의 새로운 사회는 '자유로운 개인들의 연합association of free individuals(자개연)'입니다. 미래사회가 '각 개인의 최대한의 자유로운 발달'을 근본원리로 삼으며, '각 개인의 자유로운 발달이 만인의 자유로운 발달의 조건이 되는' 사회라면, '자유로운 개인들의 연합(자개연)'이 공산주의 사회나 사회주의 사회보다는 훨씬 더 적합한 용어인 것 같습니다. 특히 마르크스가 사용한 공산주의 사회나 사회주의 사회라는 용어가, '실제로 존재한' 소련 등 '공산권'이나 '사회주의권'의 멸망으로 말미암아 매우 나쁜 의미를 가진 것으로 오해되는 지금에는 '자개연'이라는 용어를 더욱 많이 사용하는 것이 좋겠습니다.

자본주의 사회는 인간 사회의 발달에 매우 큰 역할을 수행했습니다. 자본은 자기의 가치를 최대한으로 증식시키기 위해 세계시장을 창조하고 확대·심화시켰습니다. 이 과정에서 과학기술을 발달시켜 생산에 응용함으로써 인간의 온갖 욕망을 만들어내어 충족시켰고, 노동하는 개인들의 능력을 전면적으로 발달시켰습니다. 더욱이 다국적 기업과 국제금융시장의 발달은 각국 국민 사이의 세계적 교류와 전면적 상호의존관계를 발전시켜 인간의 역사를 세계사로 전환시키고, 노동하는 개인들을 보편적인 세계인으로 발달시켰습니다.

그러나 자본주의 사회는 자기 자신이 지닌 모순들로 말미암아 지금은 다른 사회로 대체되어야 할 운명을 맞이하고 있습니다. 가치증식과정에서 대자본이 소자본을 점점 더 수탈하여 자본의 집중을 강화함으로써 1%의 부자가 99%의 서민을 착취하고 억압하는 사회적 불평등을 더욱 심화시켰습니다. 그리고 자본으로 전환할 수 있는 사회적 부가 더욱 거대하게 됨에 따라, 투기를 최대한으로 확대시키는 과잉생산·과잉거래·과잉대출·과잉투자에 동원할 수 있는 자본이 더욱 팽창함으로써 투기의 실패에 따른 공황의 피해를 더욱 확대하지 않을 수가 없게 되었습니다. 공황의 발발로 상공업기업과 금융기업들이 파산에 빠지고 노동하는 개인들은 실업과 저임금에 허덕이게 되면서, 귀중한 생산요소들이 대규모로 낭비되는 사태가 오랫동안 지속하게 되었습니다. 사회 전체의 생산력은 과학기술의 급격한 발전으로 모든 개인들의 생활수준을 높게 유지할 수 있는데도 자본가계급은 가치증식 욕심 때문에 생산요소들을 생산에 동원하지 않기 때문에, 99%의 서민이 실망과 빈곤과 자살에 부닥치는 모순이 적나라하게 폭로되었습니다.

주식회사의 주주처럼 자본가계급은 주식을 만지작거리며 놀고 있는데도 회사의 이윤을 배당의 형식으로 받아가는 무위도식자이기 때문에, 자본가계급의 주식을 사회에 환원하더라도 주식회사의 생산과 경영에는 아무 피해를 주지 않습니다. 그러나 이처럼 대자본가의 소유를 수탈하면, 노동하는 개인들은 생산수단을 공동으로 소유하면서 자기의 것으로 사용할 수 있기 때문에, 옛날의 소경영에서 보는 것처럼 노동과 생산수단과의 통일이 재건되는 것입니다. 이리하여 노동의 소외를 야기하는 핵심이 폐기되기 때문에 노동하는 개인들은 즐거운 마음으로 자발적·헌신적·창의적으로 열심히 노동하게 될 것입니다.

자본주의에서 자개연으로 가는 진정한 이행기에 정치혁명이 수행해야 할 가장 중요한 과제가 바로 자본가계급으로부터 생산수단을 빼앗는 것입니다. 표층의 상품교환과정에서는 생산수단의 법적 소유자는 자본가이지만, 심층의 생산과정에서는 생산수단의 실질적 소유자는 노동자들일 수밖에 없습니다. 왜냐하면 자본가가 오랫동안 노동자의 잉여노동을 착취하여 적립한 것의 물적 형태가 생산수단이므로 현재의 생산수단 전체는 사실상 노동자의 것이기 때문이며, 그리고 노동자들이 생산과정에서 생산수단을 공동으로 사용하면서 실질적으로 점유하고 있기 때문입니다. 마르크스가 자본주의 사회가 새로운 사회를 잉태하고 있다고 말할 때, 가장 먼저 지적한 것이 노동자계급에 의한 생산수단의 점유였습니다.

그러나 자개연이 형성되기 위해서는 물질적 환경의 변혁뿐 아니라 주체적 역량의 거대한 발달이 요구됩니다. 자본주의적 착취와 억압을 제거하려는 노동자들의 연합이 자발적·목적의식적으로 결성되어야 하고, 교육과 훈련을 통해 노동자들의 사회적 생산력이 크게 향상되어야 하며, 인간 개인이 언제나 '능력에 따라 노동할' 정도의 인간성을 지녀야 할 것입니다. 결국 주체와 객체 사이의 누적적 상호 작용에 의해 사회적 인간의 완전한 발달과 주체·객체 사이의 완전한 조화가 자개연의 형성과 발달의 기본 동력이라고 말할 수 있을 것입니다.

2012년에도 금융자본은 세계 전체에서 국가기구를 통해 노동자와 서민을 수탈하고 억압하는 거대한 독재세력으로 행세하고 있습니다. 그리스 정부가 국가채무를 상환하는 과정을 보십시오. 외국의 금융기업들이 가치증식을 위해 이자율이 높은 그리스 국채를 매입했습니다. 그런데 그리스 정부가 세계적 불황 속에서 국채의 원금과 이자를 갚을 수 없는 상황에 처하게 되었습니다. 1983년에 멕시코가 외채의 원리금을 상환할 수 없게 되었을 때는, 외국의 채권은행들은, 멕시코가 외채에 대한 지급불능 즉 부도를 선언하지 않는다는 조건으로, 원리금의 일부를 탕감하고 대출의 이자율을 낮추며 대출기간을 연장할 뿐 아니라 멕시코가 외채의 원리금을 갚을 수 있도록 경제를 정비하게끔 새로운 자금을 제공하기도 했습니다. 이리하여 멕시코의 외채위기는 해결된 것입니다.

그러나 이번 그리스의 국채상환은 과거의 멕시코 사례와는 전혀 달랐습니다. 외국의 채권은행들이 '국제적 국가기구'인 IMF·유럽연합·유럽 중앙은행으로 하여금 그리스의 채무를 대신 갚게 한 것입니다. 트로이카 는 채권은행들에게 대금을 지급하는 조건으로 그리스 정부에게 정부 예 산을 깎아 트로이카의 대출을 갚으라고 요구한 것입니다. 그리스 정부는 공무원의 수를 대폭 줄이고 공무원의 봉급을 삭감하며 교육·의료·연금· 빈민구제 등 사회보장비를 대폭 삭감하게 되었습니다. 지금과 같은 세계 적 불황 속에서 정부 지출의 삭감은 그리스 경제를 (−) 성장으로 전환시 키고 서민의 생활을 더욱 불행하게 만들었기 때문에, 그리스 정부는 트로 이카의 대출금을 갚을 길이 없게 될 것입니다. 그리스 경제를 살릴 수 있 게끔 트로이카가 추가적 자금을 대출하지 않았기 때문입니다.

결국 국제적 금융자본은 자기의 위험한 투기로 입게 될 손실을 국제적 국가기구를 통해 세계의 서민들에게 전가시키는 방식으로 자본을 축적하 고 있는 것입니다. 이것은 미국의 금융공황에서 금융자본이 2007~2011 년에 미국 정부와 중앙은행으로부터 약 20조 달러의 구제금융을 받아 자 기의 손실을 납세자의 혈세로 메운 것과 마찬가지입니다. 지금 그리스 이 외에도 포르투갈·스페인·아일랜드·이탈리아·프랑스·영국·미국 등 거의 모든 나라가 국가채무 문제로 허덕이고 있는데, 그리스 형식의 금융 자본 독재가 지속할 수 있겠습니까? 금융자본을 세계적 차원에서 인류의 소유로 전환하는 정치혁명이 필요할 것이고, 자본이 자본가계급의 이윤 욕심에 봉사하기보다는 인류의 필요와 욕구의 충족에 기여하도록, 개인 들이 연합하고 단결하여 자본주의 세계체제를 무너뜨리고 새로운 사회인 '자유로운 개인들의 연합(자개연)'을 건설해야 할 것입니다.

참고문헌

김수행. 1988.「페레스트로이카의 방향과 그 역사적 의미」, 한국사회경제학회, ≪사
　　회경제평론≫, 제1집.
_____. 2008.『새로운 사회를 위한 경제이야기』. 한울.
_____. 2009.『자본주의 경제의 위기와 공황』. 서울대학교출판문화원.
_____. 2011.『자본론의 현대적 해석』, 제2개정판 수정판. 서울대학교출판문화원.
_____. 2011/1.『알기 쉬운 정치경제학』, 제3개정판. 서울대학교출판문화원.
_____. 2012.『세계대공황』, 초판 3쇄. 돌베개.
김현대·하종란·차형석. 2012.『협동조합, 참 좋다: 세계 99%를 위한 기업을 배우다』.
　　푸른지식.
린던, 마르셀 판 데르. 2012.『서구 마르크스주의, 소련을 탐구하다』. 황동하 역. 서해
　　문집.
마르크스.『자본론』I 상, 제2개역판 11쇄. 김수행 역. 비봉출판사. 2010.
_____.『자본론』I 하, 제2개역판 7쇄. 김수행 역. 비봉출판사. 2010.
_____.『자본론』II, 제1개역판 2쇄. 김수행 역. 비봉출판사. 2006.
_____.『자본론』III상, 제1개역판. 김수행 역. 비봉출판사. 2004.
_____.『자본론』III하, 제1개역판. 김수행 역. 비봉출판사. 2004.
마르크스.『정치경제학 비판 요강』1. 김호균 역. 백의. 2000.
_____.『정치경제학 비판 요강』2. 김호균 역. 백의. 2000.
_____.『정치경제학 비판 요강』3. 김호균 역. 백의. 2000.

칼 맑스/프리드리히 엥겔스. 『저작선집』 1. 박종철출판사. 1991.

_____. 『저작선집』 2. 박종철출판사. 1992.

_____. 『저작선집』 3. 박종철출판사. 1993.

_____. 『저작선집』 4. 박종철출판사. 1995.

_____. 『저작선집』 5. 박종철출판사. 1994.

_____. 『저작선집』 6. 박종철출판사. 1997.

스미스. 『국부론』 상, 개역초판 4쇄. 김수행 역. 비봉출판사. 2010.

_____. 『국부론』 하, 개역초판 4쇄. 김수행 역. 비봉출판사. 2010.

오타니 데이노스케. 2010. 『그림으로 설명하는 사회경제학』. 정연소 역. 한울.

야페, 헬렌. 2012. 『체 게바라: 혁명의 경제학』. 류현 역. 실천문학사.

파인·해리스. 1985. 『현대 정치경제학 입문』. 김수행 역. 한울.

マルクス. 『資本論』 第1卷 第1分冊(37刷). 新日本出版社. 2003.

_____. 『資本論』 第1卷 第2分冊(26刷). 新日本出版社. 2003.

_____. 『資本論』 第1卷 第3分冊(21刷). 新日本出版社. 2003.

_____. 『資本論』 第1卷 第4分冊(22刷). 新日本出版社. 2003.

_____. 『資本論』 第2卷 第5分冊(13刷). 新日本出版社. 2003.

_____. 『資本論』 第2卷 第6分冊(12刷). 新日本出版社. 2002.

_____. 『資本論』 第2卷 第7分冊(12刷). 新日本出版社. 2003.

_____. 『資本論』 第3卷 第8分冊(12刷). 新日本出版社. 2003.

_____. 『資本論』 第3卷 第9分冊(10刷). 新日本出版社. 2002.

_____. 『資本論』 第3卷 第10分冊(10刷). 新日本出版社. 2002.

_____. 『資本論』 第3卷 第11分冊(10刷). 新日本出版社. 2002.

_____. 『資本論』 第3卷 第12分冊(9刷). 新日本出版社. 2002.

_____. 『資本論』 第3卷 第13分冊(9刷). 新日本出版社. 2002.

大谷禎之介. 2011. 『マルクスのアソシエーション論』. 櫻井書店.

Aganbegyan, A. 1988. *The Challenge: Economics of Perestroika.* Hutchinson.

Davies, R. W. 1988. "Soviet history in the Gorbachev revolution: the first phase."
    Socialist Register 1988.

Gorbachev, M. 1987. *Perestroika: New Thinking for Our Country and the World.*

Collins.

Gott, Richard. 2005. *Hugo Chavéz and the Bolivarian Revolution*. Verso.

Harnecker, Marta. 2005. *Understanding the Venezuelan Revolution: Hugo Chavéz talks to Marta Harnecker*. Monthly Review Press.

_____. 2007. *Rebuilding the Left*. Zed Books.

Kagarlitsky, Boris. 1988. "Perestroika: the dialectic of change." *New Left Review*. May/June.

Kosygin, A. N. 1965. "On Improving Industrial Management." Report to the CPSU Central Committee. 25 September 1965.

Lebowitz, Michael. 2006. *Build It Now: Socialism for the Twenty-First Century*. Monthly Review Press.

Lenin. *Selected Work,* Vol.2. Progress Publishers. 1977.

Liberman, E. G. "The Plan, Profits and Bonuses." *Pravda*. 9 September 1962, in Nove & Nuti(eds.). 1972. *Socialist Economics*. Penguin, Harmondsworth.

Mandel, David. 1988. "Economic reform and democarcy in the Soviet Union." *Socialist Register 1988*.

Mandel, Ernest. 1988. "The myth of market socialism." *New Left Review*. May/June.

Marx & Engels. *Collected Works*, CW6, Progress Publishers, 1984.

_____. *Collected Works*, CW11. Progress Publishers. 1979.

_____. *Collected Works*, CW12. Progress Publishers. 1979.

_____. *Collected Works*, CW20. Progress Publishers. 1985.

_____. *Collected Works*, CW21. Progress Publishers. 1985.

_____. *Collected Works*, CW22. Progress Publishers. 1986.

_____. *Collected Works*, CW23. Progress Publishers. 1988.

_____. *Collected Works*, CW24. Progress Publishers. 1989.

_____. *Collected Works*, CW28. Progress Publishers. 1986.

_____. *Collected Works*, CW29. Progress Publishers. 1987.

_____. *Collected Works*, CW30. Progress Publishers. 1988.

_____. *Collected Works*, CW31. Progress Publishers. 1989.

_____. *Collected Works*, CW32. Progress Publishers. 1989.

_____. *Collected Works*, CW33. Progress Publishers. 1991.

_____. *Collected Works*, CW34. Progress Publishers. 1994.

_____. *Collected Works*, CW35. Progress Publishers. 1996.

_____. *Collected Works*, CW36. Progress Publishers. 1997.

_____. *Collected Works*, CW37. Progress Publishers. 1998.

_____. *Gesamtausgabe*, MEGA II/1.1. Dietz Verlag Berlin. 1976.

_____. *Gesamtausgabe*, MEGA II/1.2. Dietz Verlag Berlin. 1991.

_____. *Gesamtausgabe*, MEGA II/3.1. Dietz Verlag Berlin. 1976.

_____. *Gesamtausgabe*, MEGA II/3.3. Dietz Verlag Berlin. 1978.

_____. *Gesamtausgabe*, MEGA II/3.4. Dietz Verlag Berlin. 1979.

_____. *Gesamtausgabe*, MEGA II/3.5. Dietz Verlag Berlin. 1980.

_____. *Gesamtausgabe*, MEGA II/3.6. Dietz Verlag Berlin. 1982.

_____. *Gesamtausgabe*, MEGA II/4.1. Dietz Verlag Berlin. 1988.

_____. *Gesamtausgabe*, MEGA II/4.2. Dietz Verlag Berlin. 1992.

_____. *Gesamtausgabe*, MEGA II/5. Dietz Verlag Berlin. 1983.

_____. *Gesamtausgabe*, MEGA II/6. Dietz Verlag Berlin. 1987.

Miliband, R., Leo Panitch & John Saville. 1988. "Problems and promise of socialist renewal." *Socialist Register 1988*.

Nove. 1972. "Economic Reforms in the USSR and Hungary, a Study in Contrasts." in Nove & Nuti(eds.). 1972. *Socialist Economics*. Penguin, Harmondsworth.

Novosti Press Agency, 1988. *USSR Yearbook 1988*.

Shanin, Theodor. 1983. *Late Marx and The Russian Road*. Routledge & Kegan Paul.

찾아보기

지은이 **김 수 행** soohaeng@snu.ac.kr

1942년 10월 일본에서 태어나 해방과 더불어 귀국해서 고등학교 때까지 대구에서 살았습니다. 1961년 4월에 서울대학교 상과대학 경제학과에 입학해서 학사와 석사 학위를 받았습니다. 대학 1학년 때 일본어를 공부하여 일본 책을 읽으면서 마르크스의 사상을 일찍 접할 수 있었습니다. 석사학위 논문은 「금융자본의 성립에 관한 일 연구」였습니다. 여러 분들의 도움으로 1972년 2월부터 1975년 5월까지 런던에서 외환은행 직원으로 근무하다가 영국의 복지사회와 공황을 모두 경험했습니다. 복지국가도 공황에 빠지는 것은 '자본주의체제'이기 때문임을 실감하여 공황을 연구하려고 런던대학교 버크벡 (Birkbeck) 대학에 들어가 아내가 주는 돈으로 경제학 석사(1977년)와 박사(1982년) 학위를 받았습니다. 박사학위 논문의 제목은 원래 "The Marxian Theory of Economic Crises: A Critical Appraisal of Some Japanese and European Reformulations"였지만, 귀국해서 전두환 독재정권의 '박해'를 받지 않기 위해 지도교수와 상의하여 주 제목을 "Theories of Economic Crises"로 바꾸었습니다.

'반독재투쟁'에 앞장서던 한신대학교의 초청을 받아들여 1982년 10월부터 1987년 1월까지 근무하다가, 1987년 6월 항쟁이 불을 지핀 '학문의 자유화' 운동 덕택으로 1989년 2월 서울대학교 사회과학대학 경제학과에 부교수로 임용되었습니다. 금서로 분류되던 『자본론』을 '잡아갈 테면 잡아가라'는 배짱으로 제1권을 상·하 두 권으로 1989년 3월에 번역 출판하고 제2권을 1989년 5월에, 제3권을 상·하 두 권으로 1990년 11월에 출판했습니다. 이것이 『자본론』 세 권 전체를 동일인이 한글로 번역 출판한 첫 사례입니다. 2008년 2월에 서울대학교를 정년퇴임하고 현재에는 '평생교육의 메카'인 성공회대학교 석좌교수로 있습니다. '마르크스경제학을 한국 사회에 뿌리내리게 하는 것'을 사명으로 여기기 때문에, 이에 관해 알기 쉬운 책을 많이 쓰고 대중강연도 많이 하고 현실과 미래에 관한 이야기를 많이 하려고 마음먹고 있습니다.

저서 중 최근 것으로는 『새로운 사회를 위한 경제이야기』(2008), 『김수행, 자본론으로 한국경제를 말하다』(2009), 『청소년을 위한 자본론』(2010), 『세계대공황: 자본주의의 종말과 새로운 사회의 사이』(2011) 등이 있으며 역서로는 『금융자본론』(2011) 등이 있습니다.

청년지성 총서 3
한울 아카데미 1474

마르크스가 예측한 미래사회
자유로운 개인들의 연합

ⓒ 김수행, 2012

지은이 ┃ 김수행
펴낸이 ┃ 김종수
펴낸곳 ┃ 도서출판 한울

초판 1쇄 인쇄 ┃ 2012년 8월 10일
초판 1쇄 발행 ┃ 2012년 8월 31일
초판 2쇄 발행 ┃ 2015년 9월 15일

주소 ┃ 10881 경기도 파주시 광인사길 153 한울시소빌딩 3층
전화 ┃ 031-955-0655
팩스 ┃ 031-955-0656
홈페이지 ┃ www.hanulbooks.co.kr
등록번호 ┃ 제406-2003-000051호

Printed in Korea.
ISBN 978-89-460-6043-2 03300

* 책값은 겉표지에 표시되어 있습니다.